FRÜHLING, SOMMER, GEMÜSE!

FRÜHLING, SOMMER, GEMÜSE!

ÜBERRASCHEND NEUE REZEPTE FÜR DIE LIEBLINGE DER SAISON

Texte und Rezepte: Cornelia Schinharl
Fotos: Klaus-Maria Einwanger

INHALT

Das grüne Blatt steht für fleischlosen Genuss: Mit diesem Symbol sind alle vegetarischen Gerichte gekennzeichnet.

ÖFTER MAL WAS NEUES!

CORNELIA SCHINHARL

Können Sie es auch kaum noch erwarten, nach dem Grau in Grau des Winters an einem sonnigen Frühlingsmorgen über den Wochenmarkt zu bummeln, wo uns die ersten Erdbeeren und sattgrüne Kräuter entgegenleuchten? Denn so gerne wir in den vergangenen Monaten Kürbis, Kohl und Knollen gegessen haben – jetzt darf es bitte wieder etwas anderes sein: Spargel! Tomaten!! Auberginen!!!

Natürlich hat jeder hat so seine Lieblingsrezepte für junges Gemüse – während der Spargelsaison muss es für mich zum Beispiel mindestens einmal den Klassiker mit Sauce hollandaise geben. Aber müsste man mit den Stangen nicht mal was ganz anderes machen? Und außerdem hat der Frühling ja auch nicht nur Spargel zu bieten ... Also was mit den vielen, vielen Gemüsesorten anfangen, die einem von März bis September auf den Märkten förmlich entgegenspringen?

Lassen Sie sich einfach inspirieren. Ich zeige Ihnen in diesem Buch, dass Spargel sogar roh äußerst gut schmeckt oder sich auch mal in der Folie zubereiten lässt, wie Sie Artischocken putzen und sich mal nur den zarten, feinen Boden der grünen Früchte schmecken lassen können. Sie werden meine Lasagne mit Kräutern kennenlernen, die mit einer aromatischen rohen Tomatensauce auf den Tisch kommt, und zarten jungen Spinat mit Asia-Dressing kosten. Und natürlich noch viel, viel mehr ...

Ich wünsche Ihnen einen wunderschönen Frühling, traumhafte Sommertage, entspannte Wochenmarktbummel und jede Menge Genuss mit und natürlich aus dem bunten Gemüsekorb!

Ihre

Cornelia Schinharl

DIE FRÜHSTARTER

Zieht der Frühling ins Land, kommen auch sie an den Gemüseständen an. Fast alle mit viel Grün und vor allem viel Aroma im Gepäck. Und sehnlichst erwartet von allen, die jetzt einfach keine Lust mehr haben auf Kohl & Co.

1. EISZAPFEN sind lange weiße Radieschen. In Aussehen und Geschmack ähneln sie dem Rettich, mit dem sie auch verwandt sind. Meist werden sie im Bund angeboten. Achten Sie beim Einkauf auf saftige Blätter, denn die können Sie mitverwenden.

2. FRÜHLINGSZWIEBELN haben nur kleine Zwiebeln ausgebildet und werden mit Grün verkauft. Das sollte beim Einkauf kräftig grün und saftig sein. Verwenden Sie es immer mit, denn das Grün enthält mehr Vitamine und Mineralstoffe als die Zwiebel. Ebenfalls im Angebot und ebenso zu verwenden sind Lauchzwiebeln. Sie bilden fast gar keine Zwiebel aus.

3. KNOBLAUCH kommt im Frühling und Sommer auch frisch auf den Markt und ist am saftig grünen Stiel zu erkennen. Anders als der ganzjährig erhältliche getrocknete Knoblauch besitzt er ein feines Aroma und ist besonders saftig. Frischen Knoblauch immer im Kühlschrank aufbewahren, dort bleibt er einige Wochen schön prall.

4. KOHLRABI kommt mit grüner oder violetter Schale in den Handel. Das helle Fruchtfleisch darunter hat ein mildes, leicht süßliches Aroma. Kohlrabi schmeckt roh und gekocht. In den Blättern stecken viele Mineralstoffe und Vitamin C, deshalb die zarten Blätter immer mitverwenden.

5. KOPFSALAT steht hier stellvertretend für all die feinen Blattsalate, die im Sommer im Freiland so viel mehr Aroma und gesunde Inhaltsstoffe tanken als im Winter im Treibhaus. Bei allen Salaten die äußeren Blätter entfernen. Die restlichen Blätter ablösen, waschen und trocken schleudern.

6. MANGOLD gibt es mit dickem Stiel unter dem Namen Stielmangold sowie als Schnitt- oder Blattmangold mit dünnen oder gar keinen Stielen. Inzwischen ist er nicht nur mit weißen, sondern auch mit roten oder gelben Stielen zu haben. Diese beiden Sorten bilden weniger dicke Stiele aus und sind optisch besonders attraktiv.

7. BLATTSPINAT ist im Frühling und Sommer so zart, dass man ihn nicht nur garen, sondern auch roh essen kann. Und auch die Stiele sind noch so fein, dass man sie nicht wie beim Wurzelspinat abknipsen muss. Beim Einkauf darauf achten, dass er schön grün und richtig saftig aussieht.

DIE HOCHSOMMERLICHEN

Wenn der Sommer seine schönsten Seiten zeigt und sie viele, lange Sonnenbäder genossen haben, sind diese Gemüse am besten. Dann schmecken sie richtig aromatisch und vertragen sich super miteinander – ob auf dem Foto oder im Topf.

1. AUBERGINEN sollen beim Einkauf prall aussehen, die Schale muss aber nicht glänzen. Im Gegenteil: Ist sie matt, ist das ein Zeichen von Reife! Das Einsalzen der Auberginen stammt übrigens aus Zeiten, als die Früchte noch Bitterstoffe enthielten. Die sind inzwischen fast weggezüchtet!

2. BLUMENKOHL und Brokkoli sind enge Verwandte. Sie bestehen hauptsächlich aus der Blütenknospe und besitzen ein eher dezentes Kohlaroma. Beim Einkauf muss Blumenkohl schön weiß sein und Brokkoli kräftig grün – gelbe Spitzen weisen darauf hin, dass er zu blühen beginnt.

3. GRÜNE Bohnen gibt es in schmal und breit (Dicke Bohnen s. S. 85). Bohnen müssen vor dem Verzehr immer gekocht werden! Sie enthalten nämlich den Giftstoff Phasin, der erst beim Garen abgebaut wird. Kaufen Sie nur schön knackige Schoten und schneiden Sie nach dem Waschen die Enden ab. Die Fäden, die sich dabei früher gelöst haben, sind bei den meisten Sorten weggezüchtet worden.

4. GURKEN kommen vor allem als Salatgurke mit glatter, grüner Schale in den Handel. Etwas kleiner und mit feinen Härchen auf der Schale kennt man sie als Schmorgurke, die Miniausgabe davon sind die Einlegegurken. Alle drei kann man roh essen, aber auch schmoren, braten oder dünsten.

5. ZUCKERMAIS kaufen Sie am besten mit den Hüllblättern, denn darin bleibt er im Kühlschrank bis zu 1 Woche frisch. Die Hüllblätter wie auch die feinen Fäden im Inneren vor dem Garen abziehen (s. S. 77). Jetzt können Sie die Kolben im Ganzen in Salzwasser ca. 20 Minuten kochen oder die Körner dicht am Kolben abschneiden.

6. PAPRIKASCHOTEN sind vor allem in Gelb und Rot sehr beliebt. Diese Schoten werden reif geerntet und haben neben einem süßlichen Aroma jede Menge Vitamin C zu bieten. Grüne Schoten kommen unreif in den Handel. Übrigens: Viele vertragen Paprikaschoten gehäutet besser, das klappt bei grünen Schoten allerdings eher schlecht.

7. STAUDENSELLERIE wird meist als ganze Staude angeboten. Im Kühlschrank hält sie sich bis zu 1 Woche. Aus dem Freiland ist die Staude kräftig grün. Verwenden Sie die saftigen Blätter immer mit, denn sie haben viel Aroma, Vitamine und Mineralstoffe.

DAVOR &
DAZU!

Vorspeisen und Beilagen werden sie etwas lieblos genannt,
doch ich bin ihr größter Fan! Weil man sie so gut kombinieren
und danach zusammen servieren kann – als mehrteiligen
Hauptgang sozusagen. Da macht es auch gar nichts aus, wenn
bei meinem Marktbummel mal wieder mehr junges Gemüse als
geplant im Einkaufskorb gelandet ist ...

BRUSCHETTE MIT TOMATEN UND FEIGEN

Für 4 Personen
Zubereitung: ca. 20 Min.
Pro Portion: ca. 330 kcal

2 reife Feigen
150 g feste vollreife Tomaten
1 kleine Handvoll Rucola
2 TL Zitronensaft
1 Msp. Honig
Salz
schwarzer Pfeffer
4 EL Olivenöl
4 Scheiben roher Schinken
8 Scheiben italienisches Bauernbrot
oder 12 Scheiben Baguette
1 fleischige junge Knoblauchzehe

1. Die Feigen waschen und den Stiel abschneiden. Die Früchte zusätzlich mit dem Sparschäler schälen, falls die Haut sehr dick ist. Die Feigen dann der Länge nach halbieren und in dünne Spalten schneiden. Die Tomaten waschen und auch in Spalten schneiden, dabei die Stielansätze entfernen.

2. Den Backofen auf 220° vorheizen. Den Rucola von welken Blättern und groben Stielen befreien, waschen und gut trocken schütteln. Die Blätter dann in grobe Stücke zupfen.

3. Den Zitronensaft mit Honig, Salz und Pfeffer verrühren. Nach und nach das Olivenöl unterschlagen, bis ein cremiges Dressing entstanden ist. Dann die Feigen, die Tomaten und den Rucola vorsichtig unterheben.

4. Den Schinken in Streifen schneiden. Die Brote auf das Ofengitter legen und im heißen Ofen (Mitte) ca. 5 Min. rösten.

5. Inzwischen den Knoblauch schälen. Die Brotscheiben damit einreiben und mit den Schinkenstreifen belegen. Den Feigen-Tomaten-Salat darauf verteilen, die Bruschette sofort servieren.

KRÄUTER-BRUSCHETTE MIT KÄSE

In einer Pfanne 2 EL Mandelblättchen ohne Fett goldgelb rösten. 1 große Handvoll gemischte (Wild-)Kräuter (z. B. Löwenzahn, junge Brennnesseln, Bärlauch und Petersilie) waschen und gut trocken schütteln. Dicke Stiele abknipsen und die Kräuter mit den Mandeln möglichst fein hacken. Dann mit 4 EL Olivenöl verrühren und mit Salz, Pfeffer und 1 Msp. Honig abschmecken. 12 Scheiben (Vollkorn-)Baguette wie oben in Schritt 4 beschrieben im heißen Backofen knusprig rösten. Die Kräutermischung gleichmäßig auf den Baguettescheiben verteilen und jeweils einige Parmesan- oder Grana-Späne darüberhobeln.

DICKE–BOHNEN–GUACAMOLE

Für 4 Personen
Zubereitung: ca. 30 Min.
Pro Portion: ca. 305 kcal

600 g Dicke Bohnen
(ca. 200 g gepalt)
Salz
2 EL Olivenöl
1 Bio-Limette
2 Tomaten
je 6 Stängel Petersilie und
Koriandergrün
Chiliflocken (nach Belieben)

Außerdem:
175 g Tortillachips zum Servieren

1. Die Hülsen der Dicken Bohnen aufbrechen und die Bohnen herauslösen (s. S. 55). In einem Topf Wasser zum Kochen bringen und salzen. Die Bohnen darin offen in ca. 10 Min. weich kochen.

2. Die Bohnen in einem Sieb kalt abschrecken und abtropfen lassen. Die helle Haut mit dem Fingernagel anritzen und die Kerne herausdrücken. Diese mit dem Olivenöl fein pürieren.

3. Die Limette heiß abwaschen und abtrocknen. Die Schale fein abreiben und eine Hälfte auspressen. Die Tomaten waschen und in sehr kleine Würfel schneiden, dabei die Stielansätze entfernen. Petersilie und Koriandergrün waschen und trocken schütteln. Die Blättchen abzupfen und fein hacken.

4. Das Bohnenpüree mit Limettenschale, 1 EL Limettensaft, den Tomaten und Kräutern verrühren. Mit Salz und nach Belieben mit Chiliflocken würzen und zu den Tortillachips servieren.

So SCHMECKT'S MIR
Diese ausgefallene Guacamole serviere ich gerne als Vorspeise oder Imbiss zu einem Glas Wein oder Bier.

BÄRLAUCH–ZAZIKI MIT FETA

Für 4 Personen
Zubereitung: ca. 20 Min.
Pro Portion: ca. 205 kcal

1 mittelgroße Salatgurke (ca. 300 g)
Salz
1 Handvoll Bärlauchblätter (ca. 15 g)
100 g Schafskäse (Feta)
400 g fester Naturjoghurt (z. B. griechischer Schafsmilch-Joghurt)
1 EL Olivenöl
2 TL Zitronensaft
schwarzer Pfeffer
1 EL Schwarzkümmelsamen (nach Belieben)

1. Die Gurke schälen, der Länge nach halbieren und die Kerne mit einem Teelöffel herausschaben. Die Gurkenhälften grob raspeln und mit 1 TL Salz mischen. Die Gurkenraspel ca. 10 Min. beiseitestellen und Saft ziehen lassen.

2. Inzwischen den Bärlauch waschen, trocken tupfen und die Blätter sehr fein hacken. Den Schafskäse in kleine Stücke krümeln. Den Joghurt mit Olivenöl und Zitronensaft verrühren.

3. Die Flüssigkeit, die sich bei den Gurken gebildet hat, abgießen. Die Gurkenraspel, den Bärlauch und den Schafskäse unter den Joghurt rühren und das Zaziki mit Salz und Pfeffer würzen. Nach Belieben die Schwarzkümmelsamen in einer Pfanne ohne Fett kurz anrösten und über das Zaziki streuen. Dazu gibt es frisch aufgebackenes Fladenbrot.

SO SCHMECKT'S MIR AUCH

Wenn die Bärlauchzeit vorüber ist, bereite ich das Zaziki auch mit Rucola, mit Minze oder mit Dill zu.

AUBERGINENPASTE UND AUBERGINENTATAR 🌿

Für 4 Personen
Zubereitung: ca. 30 Min.
Backen: 30 Min.
Pro Portion: ca. 165 kcal

2 Auberginen (je ca. 350 g)
½ Bio-Zitrone
4 Stängel Minze
1 Frühlingszwiebel
75 g Ricotta oder (Ziegen-)Frischkäse
4 EL Olivenöl
Salz
schwarzer Pfeffer
1 große oder 2 kleine Stangen Staudensellerie
1 Tomate
4 Stängel Basilikum
2 TL Kapern (aus dem Glas, nach Belieben)
1 EL entsteinte Oliven (nach Belieben)

1. Den Backofen auf 250° vorheizen. Die Auberginen waschen und die Enden abschneiden. Die Früchte mit einem spitzen Messer rundherum mehrmals einstechen, auf ein Backblech legen. Die Auberginen im heißen Ofen (Mitte) ca. 30 Min. backen, bis sie weich sind. Herausnehmen und lauwarm abkühlen lassen.

2. Inzwischen für die Auberginenpaste die Zitronenhälfte heiß abwaschen und abtrocknen. Die Schale fein abreiben und den Saft auspressen. Die Minze waschen und gut trocken schütteln. Die Blättchen abzupfen und fein hacken. Die Frühlingszwiebel putzen, waschen und fein schneiden.

3. Die gebackenen Auberginen der Länge nach halbieren und das Fruchtfleisch mit einem Löffel von der Haut schaben. Die Hälfte davon in einer Schüssel mit einer Gabel fein zerdrücken und mit der Zitronenschale, der Minze, der Frühlingszwiebel, dem Ricotta und 1 EL Olivenöl verrühren. Die Auberginenpaste mit ca. 1 EL Zitronensaft, Salz und Pfeffer abschmecken.

4. Für das Tatar das restliche Auberginenfruchtfleisch mit einem Messer hacken. Den Sellerie waschen, putzen und mit dem zarten Grün sehr fein schneiden. Die Tomate waschen und klein würfeln, dabei den Stielansatz entfernen. Basilikum waschen, trocken schütteln und die Blättchen fein hacken. Die Kapern und die Oliven nach Belieben ebenfalls fein schneiden.

5. Das gehackte Fruchtfleisch mit Sellerie, Tomate, Basilikum und eventuell den Kapern und den Oliven verrühren. Das restliche Öl unterrühren und das Tatar mit Salz und Pfeffer abschmecken. Die Paste und das Tatar zusammen servieren. Dazu gibt es frisch aufgebackenes Weißbrot.

SO SCHMECKT'S MIR

Die Paste und das Tatar serviere ich im Sommer gerne als Vorspeise auf geröstetem Brot. Beide sind aber auch eine feine Beilage zu Fleisch, Fisch oder Gemüse vom Grill.

Ich mag's flexibel: Diese asiatisch-arabisch ange-
hauchte Kuspervorspeise schmeckt mit grünem und
weißem Spargel. Und wenn die Spargelsaison vorbei
ist, frittiere ich eben Blumenkohl und Brokkoli.

SPARGEL—TEMPURA MIT MINZEDIP

Für 4 Personen
Zubereitung: ca. 40 Min.
Pro Portion: ca. 260 kcal

Für das Tempura:
100 g Mehl
1 kräftige Prise Salz
1 Ei (Größe M)
je 250 g weißer und grüner Spargel
¾ l Öl zum Frittieren

Für den Minzedip:
2 Bund Minze
1 Bund Frühlingszwiebeln
1 Tomate
1 rote Chilischote
1 Stück frischer Ingwer (ca. 1 cm)
1 EL Zitronensaft
2 EL neutrales Öl
Salz
1 Prise Zucker

1. Für das Tempura Mehl und Salz in einer Schüssel mischen. 200 ml eiskaltes Wasser und das Ei unterrühren und den Teig zugedeckt 15 Min. quellen lassen.

2. Inzwischen den Spargel waschen und die holzigen Enden ab- schneiden. Den weißen Spargel ganz, den grünen Spargel nur im unteren Drittel schälen. Dann die Spitzen abschneiden und alle Stangen in ca. 5 cm lange Stücke teilen.

3. Für den Dip die Minze waschen und gut trocken schütteln, die Blättchen abzupfen und grob hacken. Die Frühlingszwiebeln putzen, waschen und grob schneiden. Die Tomate waschen und würfeln, dabei den Stielansatz entfernen. Die Chili waschen, putzen und ohne Samen grob hacken. Den Ingwer schälen und dann ebenfalls grob hacken.

4. Minze, Zwiebeln, Tomate, Chili und Ingwer mit dem Zitro- nensaft und dem Öl im Mixer fein pürieren. Den Dip mit Salz und Zucker abschmecken.

5. Das Öl in einem weiten Topf erhitzen; die richtige Tempera- tur ist erreicht, wenn an einem hineingehaltenen Holzlöffelstiel kleine Bläschen aufsteigen. Den Tempura-Teig nochmals durch- rühren. Die Spargelstücke portionsweise durch den Teig ziehen und im heißen Öl in ca. 4 Min. goldbraun frittieren. Mit dem Schaumlöffel herausheben und auf einer dicken Lage Küchen- papier abtropfen lassen und entfetten. Den frittierten Spargel sofort mit dem Minzedip servieren.

Grünen Spargel vorbereiten *Grüner Spargel ist so zart, dass er nicht oder nur im unteren Drittel geschält werden muss. Meist reicht es aber, die holzigen Enden einfach abzubrechen. Der Clou: Frische Stangen brechen dort, wo der holzige Teil beginnt.*

Weißen Spargel schälen *Nach dem Waschen die holzigen Enden abschneiden. Die Stangen dann flach in die Hand oder auf ein Küchenbrett legen und die Schale mit dem Sparschäler sorgfältig abziehen. Dabei direkt unter den zarten Spitzen weniger und nach unten hin mehr abschälen.*

Spargel frittieren *Damit der Teig gut an den Spargelstücken haftet, die jeweilige Portion zum Frittieren sehr sorgfältig unter den Teig rühren. Die Spargelstücke dann einzeln mit einer Gabel herausheben und sofort ins heiße Öl gleiten lassen.*

21

KRÄUTER-FLANS MIT RADIESCHEN-VINAIGRETTE

Für 4 Personen
Zubereitung: ca. 25 Min.
Backen: ca. 45 Min.
Pro Portion: ca. 285 kcal

Für die Flans:
50 g gemischte Kräuter (z. B. Radieschenblätter, Kerbel, Brunnenkresse, Borretsch, Petersilie, Basilikum und Schnittlauch)
2 Eier (Größe M)
250 g Ricotta
50 g frisch geriebener Bergkäse
Salz
schwarzer Pfeffer

Für die Vinaigrette:
1 großes Bund Radieschen
½ Bund Schnittlauch
1 EL Apfelessig
2 TL süßer bayerischer Senf
Salz
schwarzer Pfeffer
2 EL Rapsöl

Außerdem:
4 ofenfeste Förmchen
(ca. 150 ml Inhalt)
Butter für die Förmchen

1. Für die Flans den Backofen auf 150° vorheizen, die Förmchen mit Butter ausstreichen. Die Kräuter waschen, trocken schütteln und dicke Stiele abknipsen. Die Kräuter dann sehr fein hacken.

2. Die Eier trennen. Die Eigelbe mit Ricotta und Käse gründlich verrühren. Die Kräuter einrühren und die Masse mit Salz und Pfeffer abschmecken. Die Eiweiße steif schlagen und unterheben.

3. Die Ricottamasse in die Förmchen füllen und diese in eine ofenfeste Form stellen. Heißes Wasser angießen, bis die Förmchen etwa halbhoch darinstehen. Die Flans im heißen Backofen (Mitte) ca. 45 Min. backen, bis die Ricottamasse gestockt ist.

4. In dieser Zeit für die Vinaigrette die Radieschen putzen, waschen und klein würfeln. Den Schnittlauch waschen, trocken schütteln und in feine Röllchen schneiden.

5. Den Essig mit dem Senf, Salz und Pfeffer verrühren. Nach und nach das Öl mit einer Gabel zu einem cremigen Dressing unterschlagen. Die Radieschen und den Schnittlauch unterheben und das Dressing nochmals abschmecken.

6. Die Flans mit einem spitzen Messer vom Förmchenrand lösen, vorsichtig stürzen und auf vier Teller setzen. Dann die Radieschen-Vinaigrette rundum verteilen und sofort servieren.

MAIRÜBCHEN-FLANS

500 g Mairübchen oder Möhren schälen und in Würfel schneiden. In Salzwasser weich kochen, abgießen und gut ausdampfen lassen. Das leicht abgekühlte Gemüse mit 2 Eiern (Größe M) und 100 g Crème fraîche im Mixer fein pürieren. Die Masse mit 1 TL abgeriebener Bio-Zitronenschale, Salz und Pfeffer oder Chiliflocken abschmecken. In vier Förmchen füllen und die Flans wie beschrieben im heißen Wasserbad ca. 40 Min. garen.

PAPRIKA-CAPRESE MIT KAPERNÖL

Für 4 Personen
Zubereitung: ca. 30 Min.
Pro Portion: ca. 375 kcal

je 1 rote und gelbe fleischige
Paprikaschote
1 EL Kapern (am besten in Salz)
1 Stängel Basilikum oder Petersilie
4 EL Olivenöl
½ Bio-Zitrone
schwarzer Pfeffer
Salz
250 g Büffelmozzarella
2 EL Pinienkerne

Außerdem:
Backpapier für das Blech

1. Den Backofen auf 250° vorheizen, ein Backblech mit Backpapier belegen. Die Paprikaschoten waschen, halbieren und Samen und Trennwände entfernen. Die Hälften mit den Schnittflächen nach unten auf das Backblech legen und im heißen Ofen (Mitte) ca. 15 Min. backen, bis die Haut dunkle Blasen wirft.

2. Inzwischen die Kapern in einem Sieb gründlich abspülen. Das Basilikum waschen und trocken schütteln. Die Blättchen abzupfen und grob hacken. Kapern und Basilikum mit dem Öl fein pürieren. Die Zitronenhälfte heiß abwaschen, abtrocknen und die Schale fein abreiben. Die Zitronenschale ins Kapernöl rühren und dieses mit Pfeffer und vorsichtig mit Salz abschmecken.

3. Die Paprika aus dem Ofen nehmen und kurz ruhen lassen, dann die Haut einstechen und ablösen. Die Hälften in Streifen schneiden. Den Mozzarella abtropfen lassen und in dünne Scheiben schneiden. Diese abwechselnd mit den Paprikastreifen auf vier Teller auslegen. Die Pinienkerne in einer Pfanne ohne Fett goldgelb rösten. Die Kerne auf die Caprese streuen, das Kapernöl darüberträufeln. Dazu schmeckt (Oliven-)Ciabatta.

OFENTOMATEN MIT HONIGKÄSE 🌿

Für 4 Personen
Zubereitung: ca. 15 Min.
Backen: ca. 20 Min.
Pro Portion: ca. 220 kcal

500 g Cocktailtomaten
8 Zweige Thymian
Salz
schwarzer Pfeffer
6 EL Olivenöl
4 Ziegenfrischkäsetaler
½ EL flüssiger Honig
4 Stängel Basilikum
1 EL kleine schwarze Oliven (z. B. Taggiasca aus Ligurien)
1 EL milder Essig

1. Den Backofen auf 200° vorheizen. Die Tomaten waschen, halbieren und mit den Schnittflächen nach oben in eine ofenfeste Form legen. Den Thymian waschen und trocken schütteln. Die Blättchen von den Stielen streifen und mit Salz und Pfeffer über die Tomaten streuen. Die Tomaten mit 4 EL Olivenöl beträufeln und im heißen Ofen (Mitte) ca. 20 Min. backen, bis sie leicht gebräunt sind. Dann herausnehmen.

2. Die Backofentemperatur auf 250° erhöhen oder den Backofengrill anheizen. Die Käsetaler nebeneinander in eine ofenfeste Form legen. Den Honig mit 1 EL Olivenöl gut verrühren. (Bei Bedarf leicht erwärmen, damit der Honig sich auflöst.) Honigöl auf die Käsetaler streichen und diese im heißen Backofen 3–4 Min. backen oder grillen, bis sie leicht gebräunt sind.

3. Inzwischen das Basilikum waschen, trocken schütteln und die Blättchen etwas kleiner zupfen. Das Basilikum und die Oliven unter die gebackenen Tomaten mischen. Den Essig mit 1 EL Öl cremig schlagen und ebenfalls unterheben. Die Ofentomaten mit Salz und Pfeffer noch einmal abschmecken und mit den Käsetalern auf vier Teller anrichten. Sofort servieren.

SOMMERSALAT MIT TOMATE UND MELONE

Für 4 Personen
Zubereitung: ca. 25 Min.
Pro Portion: ca. 235 kcal

100 g Blattsalat (eine Sorte oder gemischt, z. B. Kopfsalat oder Romana und Rucola)
2 Tomaten
¼ Honigmelone (ca. 250 g)
1 Handvoll gemischte Kräuter (z. B. Brunnenkresse, Pimpinelle, Basilikum, Petersilie und Zitronenmelisse)
1 EL Zitronensaft
1 TL Honig
1 TL scharfer Senf
Salz
schwarzer Pfeffer
6 EL Olivenöl
2 Scheiben Bauernbrot oder Weißbrot
½ TL Chiliflocken
2 Knoblauchzehen

1. Den Salat in einzelne Blätter teilen, diese waschen, trocken schütteln und in mundgerechte Stücke zupfen. Die Tomaten waschen und würfeln, dabei die Stielansätze herausschneiden.

2. Aus dem Melonenviertel die Kerne und das faserige Fruchtfleisch herausschaben. Dann die Melone schälen und ebenfalls in Würfel schneiden. Die Kräuter waschen und trocken schütteln, die Blätter von den Stielen lösen und in Stücke zupfen.

3. Für das Dressing den Zitronensaft mit Honig, Senf, Salz und Pfeffer gründlich verrühren. Nach und nach 4 EL Olivenöl mit einer Gabel zu einem cremigen Dressing unterschlagen.

4. Das Brot in ca. 1 cm große Würfel schneiden. Das restliche Öl in einer Pfanne erhitzen und die Brotwürfel darin bei mittlerer Hitze unter Rühren goldbraun rösten. Mit den Chiliflocken und Salz würzen. Den Knoblauch schälen, dazupressen und gut unterrühren. Die Brotwürfel vom Herd nehmen.

5. Salatblätter, Tomaten, Melone und Kräuter mit dem Dressing mischen und auf vier Teller verteilen. Die gerösteten Brotwürfel daraufstreuen und den Salat sofort servieren.

SO SCHMECKT'S MIR AUCH

Wenn es draußen so richtig heiß ist und der Durst groß, bereite ich diesen fruchtig bunten Salat auch gerne mit frischer Wassermelone zu. Und im Frühsommer geben einige Holunderblüten dem Salat ein zartes, blumiges Aroma!

KARTOFFEL–BOHNEN–SALAT MIT MATJES

Für 4 Personen
Zubereitung: ca. 45 Min.
Pro Portion: ca. 640 kcal

400 g festkochende Kartoffeln
400 g grüne Bohnen
½ Bund Bohnenkraut
Salz
250 g Cocktailtomaten
2 Frühlingszwiebeln
½ Bund Basilikum
½ Bio-Zitrone
1 TL scharfer Senf
schwarzer Pfeffer
6 EL Olivenöl
8 Matjesfilets

1. Die Kartoffeln waschen und in der Schale in Wasser gar, aber nicht zu weich kochen. Danach abgießen und ausdampfen lassen.

2. Inzwischen die Bohnen waschen und die Enden abschneiden. Fäden, die sich dabei lösen, abziehen. Die Bohnen je nach Größe halbieren oder dritteln. Das Bohnenkraut waschen. In einem Topf reichlich Wasser mit dem Bohnenkraut aufkochen und salzen. Die Bohnen darin in ca. 8 Min. bissfest kochen. In ein Sieb abgießen, kalt abschrecken und abtropfen lassen.

3. Die Tomaten waschen und halbieren. Frühlingszwiebeln putzen, waschen und in Ringe schneiden. Das Basilikum waschen, gut trocken schütteln und die Blättchen in Stücke zupfen.

4. Die Zitronenhälfte heiß abwaschen und abtrocknen. Mit dem Sparschäler ein ca. 2 cm langes Stück Schale abziehen und fein hacken, die Zitronenhälfte auspressen. 2 EL Zitronensaft mit dem Senf, Salz und Pfeffer verrühren. Das Olivenöl nach und nach mit einer Gabel zu einem cremigen Dressing unterschlagen.

5. Die Kartoffeln pellen und in ca. 2 cm große Würfel schneiden. Diese mit Bohnen, Tomaten, Frühlingszwiebeln, Basilikum, Zitronenschale und dem Dressing gut mischen. Den Salat abschmecken und mit den Matjesfilets auf vier Teller anrichten.

BOHNEN MIT APRIKOSEN UND SPECK

600 g grüne Bohnen waschen, putzen, in Stücke schneiden und mit Bohnenkraut in kochendem Salzwasser bissfest garen. Inzwischen 200 g Aprikosen waschen, halbieren, entkernen und würfeln. 1 Zwiebel schälen, vierteln und in Streifen schneiden. 100 g durchwachsenen Räucherspeck würfeln und in 2 EL Öl bei mittlerer Hitze goldbraun braten. Die Zwiebel 2 Min. mitdünsten. Mit 2 EL Apfelessig ablöschen und mit Salz und Pfeffer abschmecken. Die Bohnen abgießen und mit Aprikosen und Speckdressing mischen. Den Salat abschmecken und zu gegrilltem oder gebratenem Fleisch oder Schafskäse (Feta) servieren.

Darf ich vorstellen:

DAS MAIRÜBCHEN

Die schlechte Nachricht zuerst: Es gibt sie nur im Mai und vielleicht gerade noch Anfang Juni. Und die gute? Dann schmecken die Rübchen einfach so fein, dass ich sie mir roh oder gedämpft so oft wie möglich schmecken lasse!

Speiserüben, das klingt irgendwie so gar nicht nach Genuss. Aber auch die Mairübe, manchmal auch »Navette« genannt, gehört zu dieser Familie. Die kleine, rundliche Rübe mit dem weißen Fleisch wird jung und zart geerntet und mit viel Grün nicht stückweise, sondern als Bund verkauft. Später im Jahr ist die Rübe zwar innen immer noch weiß, hat aber ziemlich an Größe zugelegt. Jetzt ist sie außen grün oder rot gefärbt und schmeckt längst nicht mehr so fein. Aber das interessiert uns jetzt nicht.

Übrigens kann die Mairübe auch ein junges Teltower Rübchen sein. Dann ist sie besonders zart im Aroma. Denn diese Rübchen, die ursprünglich aus dem märk'schen Teltow südwestlich von Berlin stammen, gelten als die besten ihrer Art: ebenfalls reinweiß und leicht süß.

Nicht viel größer als ein Hühnerei sind die besten und zartesten Mairübchen, die schon sechs bis acht Wochen nach der Aussaat geerntet und mit knackigem Grün verkauft werden. Daraus lässt sich – wie gleich im folgenden Rezept – eine feine Sauce zubereiten. Die Rübchen selbst muss man gar nicht schälen, sondern nur unter fließendem Wasser gut abbürsten.

Die Rübchen sind roh ein Genuss und erinnern mit ihrer durch die Senföle leichten Schärfe an Rettich und Radieschen. Erst beim Garen entfalten sie ihr süßliches Aroma. Das unterstützen viele Köche noch und glasieren die Rübchen in Butter mit Zucker. Ebenfalls sehr fein schmecken sie als Püree oder im Gratin – pur oder mit ein paar Kartoffeln gemischt – oder gedämpft und mit knusprigen Speckstreifen überzogen.

TIPP
Sie sind vitaminreich und aromatisch – warum die Mairübchenblätter also wegwerfen? Dann doch lieber kurz blanchieren, mit Zitrone und Olivenöl anmachen und als brandneues Lieblingsblattgemüse genießen.

GEDÄMPFTE MAIRÜBCHEN

Für 4 Personen
Zubereitung: ca. 30 Min.
Pro Portion: ca. 200 kcal

8 Mairübchen mit saftigem Grün
2 Scheiben Toastbrot
1 Bio-Zitrone
1 TL schwarze Pfefferkörner
2 Lorbeerblätter
Salz
1 EL Kapern (aus dem Glas)
2 getrocknete Tomaten (in Öl)
1 Sardellenfilet (in Öl, nach
Belieben)
5 EL Olivenöl

1. Die Mairübchen waschen, die knackigen Blätter abzupfen und ca. 100 g davon beiseitelegen. Danach von den Rübchen die Stielansätze und die Wurzelenden abschneiden und die Rübchen je nach Größe halbieren oder vierteln. Das Toastbrot in einer Schüssel mit Wasser bedecken und weich werden lassen.

2. Die Zitrone heiß abwaschen, abtrocknen und halbieren. Eine Hälfte in Scheiben schneiden und mit 300 ml Wasser, Pfefferkörnern, Lorbeer und Salz in einen Topf geben. Die Mairübchen in einen Dämpfeinsatz legen.

3. Für die Sauce die Rübchenblätter grob hacken. Kapern, Tomaten und nach Belieben das Sardellenfilet abtropfen lassen und grob hacken. Die zweite Zitronenhälfte auspressen. Das Brot ausdrücken und mit Blättern, Kapern, Tomaten, eventuell Sardelle, 1 EL Zitronensaft und dem Öl im Mixer fein pürieren. Die Sauce mit Salz und Pfeffer abschmecken.

4. Das Zitronenwasser im Topf zum Kochen bringen, dann die Mairübchen darübersetzen und zugedeckt im heißen Dampf in 6–8 Min. bissfest dämpfen. Die Sauce mit 2–3 EL Garsud cremig rühren und zu den Mairübchen servieren.

MAIRÜBCHEN–ERDBEER–CARPACCIO

Für 4 Personen
Zubereitung: ca. 30 Min.
Pro Portion: ca. 130 kcal

400 g Mairübchen
1 EL Zitronensaft
Salz
4 EL Olivenöl
150 g Erdbeeren
1 TL grüne Pfefferkörner (am besten frisch)
2 Stängel Minze
2 TL Zucker

1. Die Mairübchen waschen oder schälen und Stielansätze und Wurzelenden abschneiden. Die Rübchen dann mit dem Gurkenhobel in feine Scheiben hobeln oder mit einem scharfen Messer in hauchdünne Scheiben schneiden.

2. In einer Schüssel den Zitronensaft mit Salz und 2 EL Olivenöl sorgfältig zu einem cremigen Dressing verrühren. Die Rübchenscheiben unterheben und ca. 15 Min. ziehen lassen.

3. Inzwischen die Erdbeeren waschen und die grünen Kelchblätter entfernen. Die Beeren in dünne Scheiben oder Würfel schneiden. Die Pfefferkörner grob hacken. Die Minze waschen, trocken schütteln und die Blättchen in feine Streifen schneiden.

4. Die Erdbeeren mit dem gehackten Pfeffer, den Minzestreifen und dem Zucker mischen. Die Mairübchen abschmecken, eventuell noch leicht salzen und auf vier Teller auslegen. Die Erdbeeren darauf verteilen, das Carpaccio mit dem restlichen Olivenöl beträufeln und sofort servieren.

ZUCKERSCHOTENSALAT MIT JAKOBSMUSCHELN

Für 4 Personen
Zubereitung: ca. 30 Min.
Pro Portion: ca. 210 kcal

1 Stück frischer Ingwer (ca. 1,5 cm)
8 Radieschen
8 Minzeblätter
2 ½ EL Zitronensaft
1 TL flüssiger Honig
½ TL Sambal oelek
Salz
5 EL neutrales Öl
400 g Zuckerschoten
12 Jakobsmuscheln

1. Den Ingwer schälen und zuerst in dünne Scheiben, dann in feine Streifen schneiden. Die Radieschen waschen und putzen. Die Radieschen ebenfalls zuerst in etwas dickere Scheiben, dann in Streifen schneiden. Die Minzeblätter waschen, trocken tupfen und in feine Streifen schneiden.

2. In einer Schüssel 2 EL Zitronensaft mit Honig, Sambal und Salz sorgfältig verrühren. Nach und nach 4 EL Öl mit einer Gabel zu einem cremigen Dressing unterschlagen. Die Ingwer-, Radieschen- und Minzestreifen unterheben.

3. Die Zuckerschoten waschen und die Enden abschneiden. Fäden, die sich dabei lösen, abziehen. In einem Topf reichlich Wasser zum Kochen bringen und salzen. Die Zuckerschoten darin ca. 2 Min. sprudelnd kochen lassen, bis sie bissfest sind.

4. Inzwischen die Jakobsmuscheln kalt abspülen und trocken tupfen. Mit dem restlichen Zitronensaft bepinseln und salzen. In einer Pfanne das restliche Öl erhitzen und die Jakobsmuscheln darin bei mittlerer bis starker Hitze pro Seite 1 Min. braten.

5. Die Zuckerschoten abgießen, ganz kurz kalt abschrecken und mit dem Dressing mischen. Den Salat mit den Jakobsmuscheln auf vier vorgewärmte Teller anrichten und lauwarm servieren.

KRÄUTERSALAT MIT GEBRATENEN PILZEN

100 g gemischte Kräuter oder zarten Blattspinat waschen und trocken schütteln. Für das Dressing 2 EL Zitronensaft oder milden Essig mit 1 TL scharfem Senf, Salz und Pfeffer verrühren, 4 EL Olivenöl unterschlagen. 1 Stück frischen Ingwer (ca. 1 cm) schälen und fein hacken. 300 g Egerlinge oder Champignons putzen, vierteln und mit 1 EL Zitronensaft mischen. Die Pilze in 1 EL Olivenöl bei starker Hitze 3 – 4 Min. unter Rühren braten. Den Ingwer einrühren und mit Salz und Pfeffer abschmecken. Die Kräuter mit dem Dressing mischen und auf vier Teller anrichten. Die Pilze darauf verteilen und sofort servieren.

GURKEN–FRÜHLINGSSPINAT–SALAT

Für 4 Personen
Zubereitung: ca. 25 Min.
Pro Portion: ca. 220 kcal

1 mittelgroße Salatgurke (ca. 300 g)
100 g zarter Blattspinat
1 Frühlingszwiebel
50 g geröstete gesalzene
Erdnusskerne
1 Stück frischer Ingwer (ca. 1 cm)
5 Stängel Koriandergrün
½ Bio-Zitrone oder -Limette
1 EL Erdnussmus (aus dem Bioladen)
Salz
½ TL Sambal oelek
4 EL neutrales Öl

1. Die Gurke schälen oder waschen und der Länge nach vierteln. Die Viertel dann quer in dünne Scheiben schneiden. Den Spinat verlesen und dicke Stiele abknipsen. Danach den Spinat mehrere Male gründlich waschen und trocken schütteln. Die Frühlingszwiebel putzen, waschen und in feine Ringe schneiden. Die Erdnusskerne mittelgrob hacken.

2. Den Ingwer schälen und sehr fein hacken. Das Koriandergrün waschen, trocken schütteln und die Blättchen sehr fein schneiden. Die Zitronenhälfte heiß abwaschen und abtrocknen. Die Schale fein abreiben und den Saft auspressen. 2 EL Saft mit Erdnussmus, Salz und Sambal gut verrühren. Das Öl nach und nach unterschlagen. Den Ingwer und den Koriander einrühren.

3. Die Gurke mit dem Spinat und den Zwiebelringen mischen, das Dressing unterheben und den Salat abschmecken. Mit den Erdnusskernen bestreut servieren.

So SCHMECKT'S MIR
Den Salat serviere ich gern zu asiatisch gewürztem und gegrilltem oder gebratenem Huhn, Fisch oder Tofu.

KOHLRABIROHKOST MIT KRÄUTERN

Für 4 Personen
Zubereitung: ca. 20 Min.
Pro Portion: ca. 165 kcal

2 zarte Kohlrabi
½ Bund gemischte Kräuter (für
Grüne Sauce oder selbst
zusammengestellt: Borretsch,
Petersilie, Zitronenmelisse,
Schnittlauch und Sauerampfer)
1 Frühlingszwiebel
2 TL körniger Senf
1 TL scharfer Senf
1 EL Zitronensaft
100 g süße oder saure Sahne
Salz
schwarzer Pfeffer
1 Prise gemahlener Koriander
2 EL neutrales Öl

1. Von den Kohlrabi die zarten Blättchen ablösen, waschen und trocken schütteln. Die Kohlrabi schälen, alle holzigen Stellen entfernen und die Knollen fein raspeln.

2. Die Kräuter waschen und trocken schütteln. Die Blättchen abzupfen und mit den Kohlrabiblättchen fein hacken. Von der Frühlingszwiebel Wurzelende und welke grüne Teile entfernen. Die Zwiebel waschen und in feine Ringe schneiden.

3. Die beiden Senfsorten mit dem Zitronensaft, der Sahne, Salz, Pfeffer und dem Koriander gründlich verrühren. Dann das Öl nach und nach unterschlagen, bis ein cremiges Dressing entstanden ist. Die Kohlrabiraspel, die Kräuter, die Frühlingszwiebel und das Dressing gut vermischen. Den Salat mit Salz und Pfeffer nochmals abschmecken und servieren.

SO SCHMECKT'S MIR

Diesen Rohkostsalat mag ich als Vorspeise genauso gerne wie als Beilage, z. B. zu Fleischpflanzerl oder zu Kartoffelpuffern.

KRÄUTER-COUSCOUS-SALAT MIT GEMÜSE 🌿

Für 4 Personen
Zubereitung: ca. 35 Min.
Pro Portion: ca. 380 kcal

200 g Couscous
je 1 Bund Petersilie und Minze
½ Bund Koriandergrün
4 EL Zitronensaft
½ TL Chiliflocken
Salz
6 EL Olivenöl
1 junger Zucchino
1 rote Paprikaschote
200 g grüner Spargel
250 g Naturjoghurt
1 TL gemahlener Koriander

1. Den Couscous in eine Schüssel geben und mit 400 ml lauwarmem Wasser bedecken. Den Couscous ca. 15 Min. quellen lassen.

2. Inzwischen die Petersilie, die Minze und das Koriandergrün waschen und trocken schütteln, die Blättchen abzupfen und fein hacken. Den Zitronensaft mit den Chiliflocken und Salz verrühren. Nach und nach 4 EL Olivenöl unterschlagen, bis ein cremiges Dressing entstanden ist. Die Kräuter und das Dressing unter den Couscous rühren. Den Salat mit Salz abschmecken und bis zum Servieren zugedeckt ziehen lassen.

3. Den Zucchino waschen, putzen und quer in dünne Scheiben schneiden. Die Paprikaschote waschen, halbieren und die Samen und Trennwände entfernen. Die Hälften in knapp 1 cm breite Streifen schneiden. Den Spargel waschen und holzige Enden abschneiden (s. S. 21). Die Stangen im unteren Drittel schälen und dann in ca. 4 cm lange Stücke teilen.

4. Das restliche Öl in einer Pfanne erhitzen und die Zucchinischeiben, die Paprikastreifen und die Spargelstücke darin bei mittlerer bis starker Hitze unter Rühren in ca. 4 Min. bissfest braten. Mit Salz abschmecken.

5. Den Joghurt mit dem Koriander und Salz verrühren. Den Couscoussalat auf vier Teller verteilen und das Gemüse darauf anrichten. Den Joghurt dazu servieren.

KLASSISCHER COUSCOUSSALAT

Den Couscous wie beschrieben quellen lassen und die Kräuter fein hacken. 2 Tomaten und ½ Salatgurke waschen und in kleine Würfel schneiden. Kräuter, Tomaten und Gurke mit dem Dressing unter den Couscous mischen und abschmecken. Wer mag, streut vor dem Servieren noch 2 in feine Ringe geschnittene Frühlingszwiebeln auf den Salat.

GEBRATENER GRÜNER SPARGEL

Für 4 Personen
Zubereitung: ca. 35 Min.
Pro Portion: ca. 100 kcal

500 g grüner Spargel
1 Bund Radieschen
1 Handvoll gemischte Kräuter (z. B.
Bärlauch, junger Löwenzahn und
Brennnesseln)
2 Frühlingszwiebeln
2 EL Pinienkerne,
Sonnenblumenkerne oder
Mandelstifte
2 EL Olivenöl
Salz
schwarzer Pfeffer

1. Den Spargel waschen und die holzigen Enden abschneiden (s. S. 21). Die Spitzen abtrennen, die Stangen im unteren Drittel schälen und in ca. 3 cm lange Stücke schneiden. Von den Radieschen die Blätter abzupfen und beiseitelegen. Die Radieschen waschen, putzen und vierteln.

2. Die Radieschenblätter und die Kräuter waschen, trocken schütteln und mittelgrob hacken. Die Frühlingszwiebeln putzen, waschen und in Ringe schneiden.

3. Die Pinienkerne in einer Pfanne ohne Fett goldgelb rösten. Herausnehmen und beiseitestellen. Das Olivenöl in der Pfanne erhitzen und den Spargel darin bei mittlerer Hitze unter Rühren ca. 3 Min. braten. Radieschen und Zwiebelringe dazugeben und 2–3 Min. weiterbraten, bis der Spargel bissfest ist. Die Kräuter einrühren und zusammenfallen lassen. Das Gemüse salzen und pfeffern und mit den Pinienkernen bestreut servieren.

SO SCHMECKT'S MIR
Das Gemüse gibt's bei mir als Beilage zu gegrillten oder gebratenen Lammkoteletts und Fisch oder zu Getreidebratlingen.

SPARGEL MIT KNUSPERBRÖSELN

Für 4 Personen
Zubereitung: ca. 25 Min.
Backen: ca. 15 Min.
Pro Portion: ca. 200 kcal

500 g weißer Spargel
Salz
50 g altbackenes Weißbrot oder
Mehrkorntoast
40 g Parmesan
¼ Bund Petersilie
¼ Bio-Zitrone
Pfeffer
5 EL Olivenöl

1. Den Spargel waschen, die holzigen Enden abschneiden und die Stangen sorgfältig schälen (s. S. 21). In einem weiten Topf reichlich Wasser zum Kochen bringen und salzen. Den Spargel darin ca. 5 Min. vorkochen. Herausheben, kalt abschrecken und abtropfen lassen. Die Spargelstangen dann dicht nebeneinander in eine ofenfeste Form legen.

2. Den Backofen auf 220° vorheizen. Das Brot entrinden und in kleine Stücke zupfen. Den Parmesan ebenfalls entrinden und fein reiben. Die Petersilie waschen und gut trocken schütteln, die Blättchen abzupfen und fein hacken. Das Zitronenviertel heiß abwaschen, abtrocknen und die Schale fein abreiben.

3. Brotstücke, Käse, Petersilie und Zitronenschale mischen und mit Salz und Pfeffer abschmecken. Das Olivenöl gründlich unter-rühren und die Brotmasse gleichmäßig auf den Spargelstangen verteilen. Dann den Spargel im heißen Ofen (Mitte) ca. 15 Min. backen, bis die Brösel knusprig braun sind. Den Spargel heiß ser-vieren. Dazu schmeckt Brot und ein kleiner Salat.

GEBRATENE ZUCCHINI MIT RUCOLA—TOMATEN 🌿

Für 4 Personen
Zubereitung: ca. 25 Min.
Pro Portion: ca. 120 kcal

500 g Zucchini
1 Bund Rucola
250 g Tomaten
4 EL Olivenöl
Salz
schwarzer Pfeffer

1. Die Zucchini waschen und die Enden abschneiden, dann die Zucchini längs in knapp 1 cm dicke Scheiben schneiden.

2. Den Rucola von welken Blättern und groben Stielen befreien, waschen und trocken schütteln. Dann fein hacken. Die Tomaten waschen und klein würfeln, dabei die Stielansätze herausschneiden. Die Tomaten und den Rucola mit 1 EL Olivenöl verrühren und mit Salz und Pfeffer abschmecken.

3. Den Backofen auf 70° vorheizen. Das restliche Olivenöl nach und nach in einer Pfanne erhitzen. Die Zucchinischeiben portionsweise hineinlegen, jeweils mit Salz und Pfeffer würzen und bei mittlerer bis starker Hitze pro Seite ca. 2 Min. braten, bis sie schön gebräunt sind. Die Zucchinischeiben herausnehmen und im Backofen warm halten.

4. Die gebratenen Zucchini auf vier Teller anrichten, die Rucola-Tomaten darauf verteilen und sofort servieren. Die Zucchini schmecken als Vorspeise oder als Beilage zu Fisch, Fleisch oder ganz vegetarisch zu Couscous oder Polenta.

AUBERGINEN MIT SCHAFSKÄSETATAR 🌿

Für das Tatar 150 g Tomaten waschen und ohne die Stielansätze sehr klein würfeln. 150 g Schafskäse (Feta) fein zerkrümeln und mit den Tomaten, den fein gehackten Blättchen von ½ Bund Basilikum und 2 TL Kapern (aus dem Glas) mischen. 2 EL Olivenöl unterheben und das Tatar mit Pfeffer oder Chiliflocken und mit wenig Salz (Schafskäse ist meist sehr salzig) abschmecken. Dann 2 Auberginen (ca. 500 g) waschen, die Enden abschneiden und die Auberginen der Länge nach in knapp 1 cm dicke Scheiben schneiden und mit Salz und Pfeffer würzen. Nach und nach 4–6 EL Olivenöl in einer großen Pfanne erhitzen und die Auberginen darin portionsweise in 2–3 Min. pro Seite braun braten. Gebratene Scheiben im Backofen warm halten. Mit dem Schafskäsetatar und knusprigem Fladenbrot servieren.

42

CREMESPINAT ORIENTALISCH

Für 4 Personen
Zubereitung: ca. 30 Min.
Pro Portion: ca. 115 kcal

700 g zarter Blattspinat
Salz
2 Knoblauchzehen
je ½ Bund Petersilie und
Koriandergrün
2 EL Olivenöl
je 1 TL gemahlener Koriander,
Kreuzkümmel, edelsüßes und
rosenscharfes Paprikapulver
100 g Naturjoghurt
2 TL Speisestärke

1. Den Spinat verlesen, gründlich waschen und abtropfen lassen. In einem Topf Wasser zum Kochen bringen und salzen. Den Spinat darin ca. 1 Min. sprudelnd kochen lassen, bis er zusammenfällt. In einem Sieb kalt abschrecken, abtropfen lassen und gut ausdrücken, dann grob hacken. Den Knoblauch schälen und in feine Scheiben schneiden. Petersilie und Koriandergrün waschen, trocken schütteln und die Blättchen fein hacken.

2. Das Olivenöl in einem Topf erhitzen und den Knoblauch darin bei mittlerer Hitze ca. 2 Min. andünsten, aber nicht zu dunkel werden lassen. Die Gewürze dazugeben und kurz anschwitzen. Den Spinat einrühren und unter Rühren heiß werden lassen. Falls er dabei viel Flüssigkeit abgibt, diese einkochen lassen.

3. Den Joghurt mit der Stärke glatt rühren, unter den Spinat mischen und einmal aufkochen lassen. Die gehackten Kräuter unterheben, den Spinat mit Salz würzen und sofort servieren.

SO SCHMECKT'S MIR
Am liebsten serviere ich den Spinat zu gebratenen oder gegrillten Lammkoteletts und zu Hühnerbeinen aus dem Ofen.

SCHARFES MÖHRENPÜREE

Für 4 Personen
Zubereitung: ca. 30 Min.
Pro Portion: ca. 80 kcal

500 g Möhren
1 kleine Kartoffel (ca. 100 g)
1 Zwiebel
2 Knoblauchzehen
6 Zweige Thymian
1 Zweig Rosmarin
1 EL Olivenöl
1 TL Chiliflocken
¼ l Gemüsebrühe (Instant)
Salz
2 TL Zitronensaft
1 TL Honig
1 EL Basilikumblättchen

1. Die Möhren und die Kartoffel schälen und würfeln. Die Zwiebel und den Knoblauch schälen und fein hacken. Den Thymian und den Rosmarin waschen und trocken schütteln, die Blättchen und Nadeln abzupfen und fein schneiden.

2. Das Öl in einem Topf erhitzen und Zwiebel, Knoblauch und Kräuter darin andünsten. Die Möhren- und Kartoffelwürfel mit den Chiliflocken dazugeben und kurz mitbraten. Die Brühe angießen und zum Kochen bringen. Das Gemüse zugedeckt bei schwacher bis mittlerer Hitze in ca. 20 Min. weich dünsten.

3. Das Gemüse in der Brühe fein pürieren und mit Salz, dem Zitronensaft und dem Honig abschmecken. Das Basilikum waschen, trocken tupfen und fein hacken. Das Möhrenpüree mit dem Basilikum bestreuen und servieren.

SO SCHMECKT'S MIR
Dieses würzige Püree serviere ich besonders gerne zu Lamm, z. B. zu gebratenen Koteletts. Aber auch zu kräftigem Fisch, wie zu Sardinen oder Makrelen, passt es sehr gut.

So kennt man die ja gar nicht!

TOMATEN

Pasta mit Tomatensauce, Pizza Margherita – wir kennen und wir lieben sie. Wie wäre es jetzt mal mit was Neuem? Ich hätte da einen Tomatensalat mit warmem Dressing im Angebot. Und einen erfrischenden Smoothie mit Tomaten. Noch nie probiert? Zeit wird's!

QUAL DER WAHL: Datteltomate, Ochsenherz, Costoluto oder doch die Berner Rose? Bis zu **2 500 Sorten** soll es weltweit geben.

LIEBEVOLL: »Paradeiser« heißen Tomaten in Österreich, »pomodoro« (Goldapfel) nennt man sie in Italien. Noch mehr Gründe, sie oft zu essen ...

Verkaufstrick: Strauchtomaten sind in und daher an fast jeder (Markt-)Ecke zu haben. Aber Achtung: Was da so verführerisch duftet, sind nicht die Tomaten selbst, sondern deren **grüne Stiele!**

Sommer(er)frischler: Mit rund 95 % Wasser ist die Tomate schön frisch. Und mit etwa 20 kcal pro 100 g sicher kein Dickmacher.

Lycopin färbt Tomaten rot – und soll vor Arteriosklerose, Herzinfarkt und Thrombose schützen. Am besten tut dies das Antioxidanz übrigens, wenn die Tomaten gegart sind!

Mini-Format: Nicht satt, aber glücklich machen Johannisbeertomaten. Die **WILDTOMATEN** bringen es nur auf eine Größe von 0,5 – 1 cm. Gibt's leider selten zu kaufen, also am besten selbst anbauen!

Sie mag's warm. Deshalb Tomaten nie im Kühlschrank aufbewahren! Bei **ZIMMERTEMPERATUR** reifen sie nach, besonders gut an einem sonnigen Plätzchen.

TOMATENSALAT MIT SPECKDRESSING

Für 4 Personen
Zubereitung: ca. 25 Min.
Pro Portion: ca. 215 kcal

600 g feste vollreife Tomaten
1 milde rote oder weiße Zwiebel
Salz
schwarzer Pfeffer
8 Stängel Basilikum
je 1 Zweig Thymian und Oregano
50 g Frühstücksspeck oder Pancetta
in dünnen Scheiben
2 Scheiben Toastbrot
5 EL Olivenöl
1 EL milder heller Essig (z. B.
Apfelessig)
2 EL Gemüsebrühe (Instant)
½ TL Honig

1. Die Tomaten waschen und in dünne Scheiben schneiden, dabei die Stielansätze entfernen. Die Tomatenscheiben auf vier Teller legen. Die Zwiebel schälen und in feine Streifen schneiden. Auf die Tomaten streuen und leicht salzen und pfeffern.

2. Die Kräuter waschen und trocken schütteln. Die Basilikumblättchen in Stücke zupfen und beiseitelegen. Den Thymian und den Oregano von den Stielen streifen, den Oregano grob hacken. Den Speck in feine Streifen, das Brot in Würfel schneiden.

3. In einer Pfanne 1 EL Olivenöl erhitzen und die Brotwürfel darin bei mittlerer bis starker Hitze unter Rühren knusprig rösten. Herausnehmen und beiseitestellen. Den Speck in die Pfanne geben und bei mittlerer Hitze unter Rühren auslassen und leicht bräunen. Thymian und Oregano einstreuen und kurz mitbraten. Essig und Brühe oder Wasser einrühren und das Dressing mit Honig, Salz und Pfeffer abschmecken.

4. Das Basilikum unterheben und das Dressing sofort auf den Tomaten verteilen. Die Brotwürfel darüberstreuen, den Salat mit dem restlichen Olivenöl beträufeln und servieren.

ERDBEER-TOMATEN-SMOOTHIE

Für 4 Personen
Zubereitung: ca. 15 Min.
Pro Portion: ca. 90 kcal

500 g Erdbeeren
500 g Tomaten
8 Stängel Basilikum
1 kräftige Prise Salz
2 EL Zucker oder Honig
ca. ½ TL Chiliflocken
20 Eiswürfel

Außerdem:
Basilikumblättchen zum Dekorieren

1. Die Erdbeeren waschen und gut abtropfen lassen, dann die grünen Kelchblätter entfernen und die Beeren grob würfeln. Die Tomaten waschen und ebenfalls in grobe Würfel schneiden, dabei die Stielansätze entfernen. Das Basilikum waschen und gut trocken schütteln, die Blättchen abzupfen und grob hacken.

2. Die Erdbeeren mit Tomaten, Basilikum, Salz, Zucker, Chiliflocken, 300 ml kaltem Wasser und den Eiswürfeln in den Mixer füllen. Alles kräftig pürieren, bis die Eiswürfel fast vollständig zerkleinert, aber noch nicht aufgelöst sind.

3. Den Smoothie in vier hohe Gläser füllen und jeweils mit ein paar Basilikumblättchen dekorieren. Sofort servieren.

So SCHMECKT'S MIR AUCH

Es müssen nicht immer Erdbeeren sein. Der Smoothie schmeckt auch mit Wassermelone, Pfirsich oder Himbeeren richtig fein.

AUS DER SUPPENSCHÜSSEL!

Suppe im Sommer? Für mich kein Widerspruch!
Ich löffle eben gerne – und das umso lieber, wenn
es im Teller so bunt leuchtet wie in einem Gemüsegarten.
Und klar, an richtig heißen Tagen bleibt auch bei mir die
Suppenküche kalt: Für cooles Löffelglück aus saftigen
Gurken oder aromatischen Kräutern brauche ich ja
schließlich nur den Mixer.

SPARGELSUPPE MIT FISCH UND ZITRONENGRAS

Für 4 Personen
Zubereitung: ca. 30 Min.
Pro Portion: ca. 155 kcal

250 g grüner Spargel
4 größere Champignons oder Egerlinge
2 Frühlingszwiebeln
2 Stängel Zitronengras
200 g mageres Lachsfilet
1 EL Sojasauce
2 TL Sesamöl
¼ TL Sambal oelek
1 Stück frischer Ingwer (ca. 2 cm)
800 ml Gemüsebrühe oder -fond (Instant oder aus dem Glas)
Salz

1. Den Spargel waschen und die Enden abschneiden (s. S. 21). Die Spitzen abtrennen, die Stangen im unteren Drittel schälen und schräg in ca. 1 cm lange Stücke schneiden. Die Pilze mit einem angefeuchteten Küchenpapier abreiben und die Stielenden abschneiden, dann die Pilze in dünne Scheiben schneiden. Die Frühlingszwiebeln putzen, waschen und in Ringe schneiden.

2. Vom Zitronengras die äußeren Hüllblätter ablösen, die Stängel waschen und in ca. 2 cm lange Stücke schneiden. Diese auf ein Holzbrett legen und mit der Breitseite eines schweren Messers leicht klopfen, damit sie mehr Aroma abgeben.

3. Den Lachs kalt abspülen, gut trocken tupfen und in knapp 1 cm große Stücke schneiden. Sojasauce, Sesamöl und Sambal in einer Schale verrühren. Den Fisch hineinlegen. Den Ingwer schälen und in Scheiben, dann in feine Streifen schneiden.

4. Die Gemüsebrühe mit dem Zitronengras in einem Topf zum Kochen bringen und 5 Min. sanft köcheln lassen. Den Spargel dazugeben und ca. 3 Min. in der Brühe garen. Die Pilze und die Zwiebelringe einstreuen und 1 Min. mitgaren. Zuletzt den Lachs in die Brühe geben und 1 Min. garen.

5. Das Zitronengras herausnehmen. Die Spargelsuppe in vier Schalen anrichten und mit den Ingwerstreifen bestreut servieren.

SPARGELSUPPE MIT GORGONZOLA

500 g grünen Spargel waschen, putzen und in 1 cm lange Stücke schneiden. Diese in 800 ml kochendem Salzwasser ca. 4 Min. garen, dann in ein Sieb abgießen und dabei den Sud auffangen. 1 Zwiebel schälen, klein würfeln und in 1 EL Butter andünsten. Mit 2 TL Mehl bestäuben und anschwitzen. Dann den Spargelsud angießen und einmal aufkochen. 150 g gepalte Erbsen (s. S. 55) in die Suppe geben und diese ca. 5 Min. köcheln lassen. Die Spargelstücke und 100 g Sahne einrühren. 100 g Gorgonzola würfeln, unterheben und schmelzen lassen. Die Suppe mit Salz und Pfeffer abschmecken und mit 2 EL frisch gehacktem Basilikum bestreut servieren.

Je voller der Einkaufskorb, desto bunter die
Mischung, desto besser die Suppe! Also ein
wirklich guter Grund, auf dem Wochenmarkt in
Sachen Sommergemüse so richtig zuzuschlagen ...

SOMMERGEMÜSESUPPE MIT GREMOLATA

Für 4 Personen
Zubereitung: ca. 40 Min.
Pro Portion: ca. 140 kcal

Für die Suppe:
800 g gemischte Sommergemüse
(z. B. Zucchini, Paprika, junge
Möhren, Blumenkohl oder Brokkoli,
Dicke Bohnen, Erbsen)
Salz
200 g Tomaten
1 Zwiebel
je 1 großer Zweig Rosmarin und
Salbei
je 4 Zweige Thymian und Oregano
2 EL Olivenöl
½ TL Chiliflocken
1 l Gemüsebrühe (Instant)
schwarzer Pfeffer

Für die Gremolata:
½ Bio-Zitrone
1 Bund Petersilie
2 junge Knoblauchzehen

1. Für die Suppe die Gemüse waschen oder schälen und putzen.
Zucchini, Paprika und Möhren würfeln. Den Blumenkohl oder
Brokkoli in Röschen teilen, die Stiele schälen und würfeln. Dicke
Bohnen und Erbsen auspalen (s. S. 55). Die Bohnen in kochen-
dem Salzwasser 5 Min. garen, in ein Sieb abgießen und kalt ab-
schrecken. Danach die Kerne aus den hellen Häuten drücken.

2. Die Tomaten häuten (s. S. 61) und in kleine Würfel schneiden, dabei die Stielansätze entfernen. Die Zwiebel schälen und
ebenfalls klein würfeln. Die Kräuter waschen und gut trocken
schütteln, Nadeln und Blättchen abzupfen und fein schneiden.

3. Das Olivenöl in einem Suppentopf erhitzen und die Zwiebel
und die Kräuter darin 2–3 Min. andünsten. Das gewürfelte Gemüse, die Bohnen und die Erbsen dazugeben und ebenfalls kurz
andünsten. Die Chiliflocken einstreuen und die Gemüsebrühe
angießen. Die Suppe einmal aufkochen und bei mittlerer Hitze
12–15 Min. kochen lassen, bis das Gemüse bissfest ist.

4. Inzwischen für die Gremolata die Zitrone heiß abwaschen,
abtrocknen und die Schale dünn abschälen. Petersilie waschen
und trocken schütteln, die Blättchen abzupfen. Den Knoblauch
schälen und mit Zitronenschale und Petersilie sehr fein hacken.

5. Die Tomatenwürfel in die Suppe rühren und darin erwärmen.
Die Suppe mit Salz und Pfeffer abschmecken und in vier Suppenteller verteilen. Jeweils mit 1 TL Gremolata bestreuen und sofort
servieren. Dazu schmeckt frisch geriebener Montello, Parmesan
oder Grana Padano und knuspriges Brot.

Dicke Bohnen auspalen Die Hülsen von Dicken Bohnen sind eher weich. Am besten die Enden abknipsen und die Fäden an den Nähten abziehen. Die Hülsen dann mit dem Fingernagel aufbrechen und auseinanderziehen.

Dicke Bohnen aus der Haut lösen Der grüne Kern ist von einer weißlichen Haut umhüllt. Sie bleibt beim Garen hart und wird deshalb nach dem Kochen entfernt. Dafür die Haut anritzen und die Kerne herausdrücken.

Erbsen auspalen Frische Schoten sind knackig und lassen sich leicht öffnen. Einfach mit den Fingern auf die beiden Nahtstellen drücken und die Schote aufdrücken. Auseinanderlösen und die Erbsen aus den Schalenhälften streifen.

BLUMENKOHL – PARMESAN – SUPPE

Für 4 Personen
Zubereitung: ca. 25 Min.
Pro Portion: ca. 310 kcal

600 g Blumenkohl
Salz
2 Frühlingszwiebeln
2 EL Butter
50 g Polenta oder Weizengrieß
100 ml trockener Weißwein
(ersatzweise Gemüsebrühe)
900 ml Gemüsebrühe (Instant)
100 g Sahne
70 g frisch geriebener Parmesan
schwarzer Pfeffer
frisch geriebene Muskatnuss
1 Handvoll Kerbel
4 EL Mandelblättchen

1. Den Blumenkohl putzen, waschen und in Röschen teilen. Diese in reichlich kochendem Salzwasser in ca. 3 Min. bissfest garen, dann in ein Sieb abgießen, kalt abschrecken und abtropfen lassen. Die Frühlingszwiebeln putzen und waschen, den weißen Teil fein hacken, das knackige Grün beiseitelegen.

2. In einem Topf 1 EL Butter erhitzen, die Frühlingszwiebeln darin 2–3 Min. andünsten. Die Hälfte vom Blumenkohl zugeben, die Polenta einstreuen und kurz mitrösten. Mit dem Weißwein ablöschen, die Gemüsebrühe angießen und zum Kochen bringen. Alles offen bei mittlerer Hitze ca. 10 Min. köcheln lassen.

3. Nach dieser Zeit den Blumenkohl in der Suppe fein pürieren. Die Sahne einrühren, dann den Parmesan einstreuen und unter Rühren schmelzen lassen. Die restlichen Blumenkohlröschen in der Suppe erwärmen, diese mit Salz, Pfeffer und Muskat würzen.

4. Das Zwiebelgrün in feine Ringe schneiden. Kerbel waschen, trocken schütteln und die Blättchen abzupfen. 1 EL Butter erhitzen und die Mandelblättchen darin unter Rühren goldgelb rösten, leicht salzen. Die Suppe in vier Suppentassen verteilen und mit Zwiebelringen, Mandeln und Kerbel bestreut servieren.

KOHLRABICREMESUPPE MIT KRESSE

Für 4 Personen
Zubereitung: ca. 30 Min.
Pro Portion: ca. 190 kcal

1 großer oder 2 kleine Kohlrabi mit
saftigen Blättern
1 Bund Frühlingszwiebeln
1 kleine Kartoffel (ca. 70 g)
1 EL Butter
1 l Gemüsebrühe (Instant)
100 g Crème fraîche oder
saure Sahne
Salz
schwarzer Pfeffer
frisch geriebene Muskatnuss
2 Kästchen Gartenkresse

1. Vom Kohlrabi alle schönen Blätter ablösen, waschen und in feine Streifen schneiden. Den Kohlrabi dann schälen, alle holzigen Stellen entfernen und die Knolle in kleine Würfel schneiden.

2. Die Frühlingszwiebeln putzen, waschen und in feine Ringe schneiden, 2 EL der grünen Ringe zum Bestreuen beiseitelegen. Die Kartoffel schälen, waschen und fein würfeln.

3. Die Butter in einem Suppentopf erhitzen. Die Zwiebeln, die Kohlrabiwürfel und -blätter darin andünsten. Die Brühe angießen und zum Kochen bringen. Dann die Suppe zugedeckt bei mittlerer Hitze ca. 10 Min. köcheln, bis der Kohlrabi weich ist.

4. Den Kohlrabi in der Brühe fein pürieren. Die Crème fraîche einrühren und die Suppe mit Salz, Pfeffer und 1 kräftigen Prise Muskatnuss abschmecken.

5. Die Cremesuppe in vier tiefe Teller verteilen. Die Kresse vom Beet schneiden und mit den grünen Frühlingszwiebelringen daraufstreuen. Die Suppe sofort servieren.

KOPFSALAT-ERBSEN-SUPPE MIT BRATWURST

Für 4 Personen
Zubereitung: ca. 35 Min.
Pro Portion: ca. 255 kcal

500 g Erbsen (ca. 160 g gepalt)
150 g Kopfsalat
1 rote Zwiebel
2 Knoblauchzehen
2 Tomaten
2 EL Olivenöl
1 l Gemüse- oder Fleischbrühe
(Instant)
Salz
schwarzer Pfeffer
1 TL rosenscharfes Paprikapulver
200 g rohe Bratwürste
4 Stängel Basilikum

1. Die Erbsenschoten aufbrechen und die Erbsen herauslösen (s. S. 55). Den Kopfsalat in einzelne Blätter teilen, diese gründlich waschen und trocken schleudern. Die Salatblätter danach in Streifen schneiden, sehr lange Streifen quer halbieren.

2. Die Zwiebel und den Knoblauch schälen. Die Zwiebel vierteln und in feine Streifen, den Knoblauch in dünne Scheiben schneiden. Die Tomaten häuten (s. S. 61) und klein würfeln.

3. Das Olivenöl in einem Suppentopf erhitzen und die Zwiebelstreifen, die Knoblauchscheiben und die Erbsen darin 2–3 Min. andünsten. Die Brühe angießen und zum Kochen bringen. Die Suppe mit Salz, Pfeffer und Paprikapulver würzen und offen bei mittlerer Hitze ca. 5 Min. köcheln lassen.

4. Die Salatstreifen einrühren, die Suppe einmal aufkochen und die Salatstreifen zusammenfallen lassen. Inzwischen das Bratwurstbrät in kleinen Stücken aus den Wursthäuten drücken. Die Brätstücke mit den gewürfelten Tomaten in die Suppe rühren und in ca. 3 Min. gar ziehen lassen.

5. Das Basilikum waschen und trocken schütteln, die Blättchen ablösen und in Stücke zupfen. Die Suppe nochmals abschmecken und mit dem Basilikum bestreut servieren.

SO SCHMECKT'S MIR

Am liebsten serviere ich die Suppe nach einer Vorspeise oder einem feinen Salat – z. B. der Paprika-Caprese (s. S. 24) oder den Ofentomaten mit Honigkäse (s. S. 25) – als sommerlich leichtes Hauptgericht. Dafür bestreue ich sie noch mit frisch geriebenem Parmesan und reiche knuspriges Weißbrot dazu.

Wenn mal wieder nichts ist mit Urlaub: Diese Sommer-Sonnen-Suppe steckt voller Mittelmeer-Aromen – da geht die Reise gen Süden schon mal auf der Zuge los.

TOMATEN-TINTENFISCH-SUPPE MIT RUCOLA-ÖL

Für 4 Personen
Zubereitung: ca. 40 Min.
Garen: ca. 40 Min.
Pro Portion: ca. 335 kcal

400 g kleine küchenfertige
Tintenfischchen oder TK-Kalmare
1 Stange Staudensellerie
500 g vollreife Tomaten
1 Zwiebel
2 Knoblauchzehen
1 rote Chilischote
je 1 Zweig Rosmarin, Oregano und
Salbei
8 EL Olivenöl
125 ml trockener Weißwein
(ersatzweise Gemüsebrühe)
½ l Gemüsebrühe (Instant)
1 Handvoll Rucola
Salz
schwarzer Pfeffer
2 Scheiben Weißbrot
Zucker

1. Die Tintenfischchen kalt abspülen und abtropfen lassen. Tiefgekühlte Kalmare nach Packungsangabe auftauen lassen. Den Sellerie waschen und die Enden abschneiden. Fäden, die sich dabei lösen, abziehen. Die Stange und das zarte Grün fein hacken. Die Tomaten häuten und in kleine Würfel schneiden.

2. Die Zwiebel und den Knoblauch schälen und fein hacken. Die Chilischote waschen, putzen und ohne Samen ebenfalls fein hacken. Die Kräuter waschen und trocken schütteln. Nadeln und Blätter von den Stielen zupfen und fein schneiden.

3. In einem Suppentopf 2 EL Öl erhitzen und Zwiebel, Knoblauch, Chili, Sellerie und Kräuter darin 2–3 Min. andünsten. Die Tintenfischchen dazugeben und ebenfalls 1–2 Min. andünsten. Mit Weißwein und Brühe ablöschen, die Tomaten einrühren und alles zum Kochen bringen, dann bei halb aufgelegtem Deckel 30–40 Min. köcheln lassen, bis die Tintenfischchen weich sind.

4. Inzwischen für das Rucola-Öl den Rucola von welken Blättern und dicken Stielen befreien, waschen, gründlich trocken schütteln und grob hacken. Den Rucola dann mit 4 EL Olivenöl fein pürieren und mit Salz und Pfeffer abschmecken.

5. Das Weißbrot in kleine Würfel schneiden. Das restliche Öl in einer Pfanne erhitzen und die Weißbrotwürfel darin bei mittlerer Hitze unter Rühren rundum knusprig braun rösten.

6. Die Suppe mit Salz, Pfeffer und Zucker abschmecken und in vier Suppenteller verteilen. Jeweils mit etwas Rucolaöl beträufeln und mit einigen Brotwürfeln bestreuen. Sofort servieren.

Stielansätze herausschneiden

Die grünen Stielansätze der Tomaten enthalten Solanin. Am besten entfernt man sie vor dem Häuten, denn danach sind die Tomaten ziemlich glitschig. Den Stielansatz einfach mit einem spitzen Messer keilförmig aus jeder Tomate schneiden.

Tomaten überbrühen Die vorbereiteten Tomaten dann in eine ausreichend große Schüssel legen und mit so viel kochendem Wasser begießen, dass sie vollständig bedeckt sind. Die Tomaten so lange im heißen Wasser liegen lassen, bis die Häute sich aufbiegen und zu lösen beginnen.

Tomaten häuten Danach in einem Sieb gründlich kalt abbrausen. Die Haut lässt sich jetzt leicht abziehen. Wer mag, kann die Tomaten auch gleich entkernen. Dafür quer durchschneiden, die Hälften zusammendrücken und die Kerne abstreifen.

LINSENSUPPE MIT TOMATEN UND BOHNEN

Für 4 Personen
Zubereitung: ca. 50 Min.
Pro Portion: ca. 395 kcal

1 Zwiebel
2 Knoblauchzehen
4 EL Olivenöl
150 g Berglinsen oder Puy-Linsen
½ TL Chiliflocken
1 l milde Gemüsebrühe (Instant)
½ Bund Bohnenkraut
2 getrocknete Tomaten (in Öl)
2 EL frisch geriebener Parmesan oder Grana Padano
Salz
schwarzer Pfeffer
300 g grüne Bohnen (breit oder schmal)
400 g Tomaten
50 g Frühstücksspeck in dünnen Scheiben

1. Die Zwiebel und den Knoblauch schälen und in feine Würfel schneiden. In einem Suppentopf 2 EL Olivenöl erhitzen und die Zwiebel und den Knoblauch darin andünsten. Die Linsen verlesen und mit den Chiliflocken dazugeben.

2. Von der Gemüsebrühe 2 EL abnehmen und beiseitestellen. Die restliche Brühe zu den Linsen gießen und aufkochen, dann die Linsen bei schwacher bis mittlerer Hitze und halb aufgelegtem Deckel in ca. 30 Min. knapp bissfest kochen.

3. Inzwischen für das Pesto das Bohnenkraut waschen und gut trocken schütteln. Die Blättchen abzupfen und mit 1 EL Olivenöl in einer kleinen Pfanne unter Rühren so lange erwärmen, bis sie geschmeidig sind. Die getrockneten Tomaten abtropfen lassen und klein schneiden. Dann mit dem Bohnenkraut, 1 EL Öl und der übrigen Gemüsebrühe im Mixer fein pürieren. Den Parmesan einrühren und das Pesto salzen und pfeffern.

4. Die Bohnen waschen und die Enden abschneiden. Fäden, die sich dabei lösen, mit abziehen. Die Bohnen in ca. 1 cm breite Stücke schneiden. Die Tomaten häuten (s. S. 61) und würfeln.

5. Die Bohnen zu den Linsen geben und die Suppe ca. 8 Min. weiterkochen, bis die Bohnen bissfest sind. Tomaten einrühren und erwärmen. Die Suppe mit Salz und Pfeffer abschmecken.

6. Den Speck in schmale Streifen schneiden. Diese in einer Pfanne bei mittlerer Hitze unter Rühren knusprig braten. Die Suppe in vier Suppenteller anrichten und jeweils einige Speckstreifen und 1 TL Bohnenkrautpesto daraufgeben. Dazu passt noch kräftiges Bauernbrot.

SO SCHMECKT'S OHNE SPECK
Vegetarier lassen ihn einfach weg und bestreuen die Suppe mit zerkrümeltem Schafskäse oder mit gerösteten Brotwürfeln.

KALTE KRÄUTERSUPPE

Für 4 Personen
Zubereitung: ca. 20 Min.
Kühlen: ca. 1 Std.
Pro Portion: ca. 175 kcal

1 Frühlingszwiebel
1 Stück frischer Ingwer (ca. 2 cm)
½ Bio-Zitrone
50 g gemischte Kräuter (z. B.
Petersilie, Basilikum, Koriandergrün,
Minze und Borretsch)
500 g fester Naturjoghurt (z. B.
griechischer)
300 ml Gemüsebrühe (Instant)
1 TL Honig
Salz
schwarzer Pfeffer

1. Von der Frühlingszwiebel Wurzelende und welke grüne Teile entfernen. Die Zwiebel waschen und fein schneiden. Den Ingwer schälen und ebenfalls fein schneiden.

2. Die Zitronenhälfte heiß abwaschen und abtrocknen. Die Schale fein abreiben und den Saft auspressen. Kräuter waschen und trocken schütteln, die Blättchen abzupfen und fein hacken.

3. Den Joghurt mit Brühe, Frühlingszwiebel, Ingwer, Kräutern, Zitronenschale, 1 EL Zitronensaft und Honig im Mixer oder mit dem Pürierstab gründlich verquirlen.

4. Die Suppe mit Salz und Pfeffer abschmecken und mindestens 1 Std. in den Kühlschrank stellen. Danach die Suppe nochmals durchrühren und eventuell mit Salz und Pfeffer nachwürzen. Die Suppe in vier hohen Gläsern anrichten und servieren.

5. Nach dieser Zeit die Suppe nochmals durchrühren und eventuell mit Salz und Pfeffer nachwürzen. Die Suppe in vier hohen Gläsern anrichten und servieren.

GURKENSUPPE MIT GARNELEN

Für 4 Personen
Zubereitung: ca. 25 Min.
Kühlen: ca. 1 Std.
Pro Portion: ca. 300 kcal

2 Scheiben Toastbrot
2 mittelgroße Salatgurken (ca. 700 g)
4 Stängel Minze
2 Frühlingszwiebeln
7 EL Olivenöl
125 g saure Sahne
Salz
schwarzer Pfeffer
2 frische Knoblauchzehen
250 g rohe geschälte Garnelen
½ TL Chiliflocken

1. Das Toastbrot in einem tiefen Teller mit Wasser bedecken und weich werden lassen. Die Gurken schälen und der Länge nach halbieren. Die Kerne herausschaben und die Hälften würfeln. Die Minze waschen, trocken schütteln und die Blättchen abzupfen. Einige Blättchen beiseitelegen, den Rest hacken. Die Frühlingszwiebeln putzen, waschen und grob schneiden.

2. Das Brot gut ausdrücken und mit Gurken, gehackter Minze, Zwiebeln, 4 EL Öl und saurer Sahne fein pürieren. Mit Salz und Pfeffer abschmecken und mindestens 1 Std. kühlen.

3. Den Knoblauch schälen und in dünne Scheiben schneiden. Die Garnelen kalt abspülen, trocken tupfen und längs halbieren.

4. Das restliche Öl in einer Pfanne bei mittlerer Hitze erwärmen. Die Garnelen mit dem Knoblauch und den Chiliflocken hineingeben und 1–2 Min. braten, bis sie sich rot färben. Dabei nicht zu heiß braten, sonst verbrennt der Knoblauch.

5. Die Suppe nochmals durchrühren und eventuell mit Salz und Pfeffer nachwürzen. Portionsweise mit den Knoblauchgarnelen anrichten und mit der restlichen Minze bestreut servieren.

KOKOSSUPPE MIT DICKEN BOHNEN UND HUHN

Für 4 Personen
Zubereitung: ca. 40 Min.
Pro Portion: ca. 380 kcal

700 g Dicke Bohnen
(ca. 230 g gepalt)
Salz
250 g Cocktailtomaten
1 Bund Frühlingszwiebeln
250 g Hähnchenbrustfilet
2 EL Fischsauce
1 Stück frischer Ingwer (ca. 4 cm)
2 Stängel Zitronengras
2 rote Chilischoten
500 g Kokosmilch (Packung
oder Dose)
½ l Gemüse- oder Hühnerbrühe
2 EL Zitronensaft
½ Bund Basilikum

1. Die Dicken Bohnen aus den Hülsen lösen (s. S. 55). In einem Topf reichlich Wasser aufkochen, salzen und die Dicken Bohnen darin 2–3 Min. kochen. Dann abgießen, kalt abschrecken und die Kerne aus den hellen Häuten drücken.

2. Die Cocktailtomaten häuten (s. S. 61). Von den Frühlingszwiebeln die Wurzelenden und die welken grünen Teile entfernen. Die Zwiebeln waschen und in feine Ringe schneiden, ca. 2 EL der grünen Zwiebelringe beiseitelegen.

3. Das Hähnchenfilet kalt abspülen und trocken tupfen, das Fleisch in dünne Scheiben schneiden und mit 1 EL Fischsauce mischen. Den Ingwer schälen und zuerst in Scheiben, dann in feine Streifen schneiden. Vom Zitronengras die äußeren Hüllblätter und das obere Ende entfernen, die Stängel waschen und in ca. 4 cm lange Stücke schneiden. Die Chilischoten waschen, putzen und ohne Samen in Streifen schneiden.

4. Die Kokosmilch mit Brühe, Zitronengras, Ingwer und Chilistreifen in einem Suppentopf zum Kochen bringen. Die Dicken Bohnen einrühren und dann die Suppe offen bei mittlerer Hitze ca. 2 Min. köcheln lassen. Die Frühlingszwiebeln dazugeben und alles noch ca. 1 Min. weiterköcheln lassen.

5. Das Fleisch in die Suppe geben und bei schwacher Hitze in ca. 4 Min. gar ziehen lassen. Die Tomaten unterheben und erwärmen. Die Suppe mit der übrigen Fischsauce, dem Zitronensaft und eventuell etwas Salz abschmecken. Das Basilikum waschen, trocken schütteln und die Blättchen fein hacken. Die Suppe in vier Suppenschalen verteilen, mit Basilikum und den restlichen grünen Zwiebelringen bestreuen und servieren.

SO SCHMECKT'S MIR AUCH

Für eine vegetarische Variante lasse ich Huhn und Fischsauce weg und erwärme stattdessen mit den Tomaten Räuchertofu in Würfeln in der Suppe. Mit heller Sojasauce oder Salz würzen.

Welch ein Sommerglück: Der Eintopf schmeckt mit allem, was der Gemüsekorb jetzt so hergibt – ganz besonders aber mit ausgelösten Artischockenböden.

SOMMERGEMÜSETOPF MIT RICOTTAKLÖSSCHEN

Für 4 Personen
Zubereitung: ca. 1 Std.
Pro Portion: ca. 510 kcal

2 junge Zucchini (ca. 350 g)
1 gelbe Paprikaschote
½ Bio-Zitrone
2 Artischocken
250 g Zuckerschoten oder gepalte Erbsen
2 frische rote Zwiebeln
4 frische Knoblauchzehen
1 Handvoll gemischte Kräuter (z. B. Borretsch, Zitronenmelisse und Basilikum)
250 g Ricotta
2 Eier (Größe M)
100 g frisch geriebener Parmesan
100 g Mehl
Salz
schwarzer Pfeffer
4 EL Olivenöl
150 ml Gemüsebrühe (Instant)
10 Cocktailtomaten

1. Die Zucchini waschen, putzen und in ca. 1 cm große Würfel schneiden. Die Paprikaschote waschen, vierteln und Samen und Trennwände entfernen. Die Paprikaviertel in Streifen schneiden. Die Zitronenhälfte heiß abwaschen, abtrocknen und die Schale fein abreiben. Den Saft auspressen und in einer Schüssel mit Wasser mischen. Die Artischocken von Blättern, Stiel und Heu befreien. Die Böden achteln und ins Zitronenwasser legen.

2. Die Zuckerschoten waschen und die Enden abschneiden. Zwiebeln schälen, vierteln und in feine Streifen schneiden. Den Knoblauch schälen und in dünne Scheiben schneiden. Kräuter waschen, trocken schütteln und die Blättchen fein hacken.

3. Für die Klößchen den Ricotta mit der Zitronenschale, den Eiern, dem Parmesan und dem Mehl gut verrühren und mit Salz und Pfeffer abschmecken. In einem Topf reichlich Wasser zum Kochen bringen und salzen. Von der Ricottamasse mit zwei Teelöffeln Nocken abstechen, ins schwach kochende Wasser legen und bei mittlerer Hitze in ca. 8 Min. gar ziehen lassen.

4. Das Öl in einem Suppentopf erhitzen. Die Zucchini und die Paprika darin unter Rühren 2–3 Min. anbraten. Artischocken und Zuckerschoten kurz mitbraten. Die Zwiebeln und den Knoblauch einrühren, die Brühe angießen und die Gemüse zugedeckt bei schwacher Hitze in ca. 5 Min. bissfest garen.

5. Inzwischen die Tomaten waschen, halbieren und in der Suppe erwärmen. Den Eintopf abschmecken, die Kräuter unterheben und portionsweise anrichten. Die Ricottaklößchen mit dem Schaumlöffel aus dem Wasser heben, daraufsetzen und servieren.

Artischocken vorbereiten Die kleinen unteren Blätter abzupfen und den Stiel möglichst dicht an der Artischocke abschneiden.

Blätter ablösen Die übrigen Blätter nacheinander rundherum abzupfen. Je weiter man nach innen kommt, desto leichter geht das. Zuletzt kann man 2–3 Blätter zusammen herausziehen.

Artischockenboden freilegen Sind alle Blätter entfernt, das Heu in der Mitte mit einem scharfen Messer vom Artischockenboden abschneiden. Diesen dann auch an der Unterseite putzen und alle Blattreste abschneiden.

CAPONATA MIT GEBRATENEM FISCH

Für 4 Personen
Zubereitung: ca. 50 Min.
Pro Portion: ca. 455 kcal

3 Stangen Staudensellerie
500 g Auberginen
400 g Tomaten
2 rote Zwiebeln
2 Knoblauchzehen
100 ml Olivenöl
1 Bund Basilikum
2 EL entsteinte grüne Oliven
2 EL kleine Kapern (aus dem Glas)
4 EL Rotweinessig
1 EL Zucker
Salz
schwarzer Pfeffer
2 EL Pinienkerne
4 Fischfilets (z. B. Seeteufel oder Zander)
1 EL Zitronensaft

1. Den Sellerie waschen, die Enden abschneiden und Fäden, die sich dabei lösen, abziehen. Die Stangen dann in dünne Scheiben schneiden. Die Auberginen waschen, putzen und würfeln. Die Tomaten häuten (s. S. 61) und ebenfalls in Würfel schneiden. Die Zwiebeln schälen, vierteln und in Streifen schneiden. Den Knoblauch schälen und in feine Scheiben schneiden.

2. In einem Topf nach und nach ca. 6 EL Olivenöl erhitzen und die Auberginen darin portionsweise anbraten, herausnehmen. Danach Sellerie, Zwiebeln und Knoblauch mit 1 EL Olivenöl anbraten. Die Auberginen und die Tomaten untermischen.

3. Das Basilikum waschen, trocken schütteln und die Blättchen abzupfen. Die Hälfte davon mit Oliven, Kapern, Essig und dem Zucker zum Gemüse geben. Mit Salz und Pfeffer würzen und offen bei mittlerer Hitze ca. 15 Min. garen, bis das Gemüse sämig ist. Dabei gelegentlich umrühren, damit alles gleichmäßig gart.

4. Die Pinienkerne in einer Pfanne ohne Fett unter Rühren goldgelb rösten, herausnehmen. Den Fisch kalt abspülen und trocken tupfen. Mit dem Zitronensaft, Salz und Pfeffer würzen. In der Pfanne 2 EL Olivenöl erhitzen und die Fischfilets darin bei mittlerer Hitze pro Seite 2–3 Min. braten.

5. Das restliche Basilikum fein schneiden. Das Gemüse nochmals abschmecken, mit Basilikum und Pinienkernen bestreuen und mit 1 EL Olivenöl beträufeln. Zum Fisch servieren.

SO SCHMECKT'S MIR AUCH

Wenn ich keine Lust auf Fisch habe, gibt es zur Caponata ein fix gemachtes Kräuterbrot. Dafür 4 Knoblauchzehen schälen und zu 100 g weicher Butter pressen. Je ½ Bund Basilikum und Petersilie waschen und die Blättchen fein hacken, dann mit ½ TL abgeriebener Bio-Zitronenschale, Salz und Pfeffer unter die Butter rühren. ½ Baguette längs aufschneiden und mit der Kräuterbutter bestreichen. Im heißen Ofen bei 220° 5–7 Min. backen.

So kennt man die ja gar nicht!

RADIESCHEN UND RETTICH

Im bayerischen Biergarten geht nichts ohne Radieserl und Radi! Aber die Kleinen wie der Große können noch mehr, als eine Maß kühles Bier zu begleiten: Mir schmecken auch die knackigen Blätter der Radieschen richtig gut, und den Rettich finde ich gebraten super!

RIESE VON ASPERN heißt ein bis zu 6 cm großes, kräftig rotes Radieserl mit schneeweißem, butterzartem Fleisch und feiner Schärfe. Seit über 100 Jahren ist es in der Nähe von Wien zu Hause – daher sein Zweitname »Wiener Radieschen«.

Ohne Grün und in einem feuchten Tuch bleiben Radieschen wie auch Rettich LÄNGER FRISCH. Das Grün aber nicht wegwerfen, es enthält jede Menge Vitamine!

RUNZELIG GE-WORDEN? Einfach in ein Schälchen mit kaltem Wasser legen, und nach kurzer Zeit ist das Radieschen knackig wie zuvor.

Farbenpracht: Mal komplett errötet, mal blassrot mit weißen Spitzen, mal ganz in Weiß und **Eiszapfen** genannt kommen Radieschen daher.

Immer schön schlank: Gerade mal 15 kcal pro 100 g liefern Radieschen und Rettich. Obendrein sind sie eine gute Quelle für Vitamin C, Kalium und Eisen.

ZU SCHARF? Senföl verursacht die typische Schärfe. Zu Leibe rücken kann man ihr ganz einfach mit Salz: Radieschen oder Rettich zerkleinern, einsalzen und ein Weilchen stehen lassen.

Das **SPIELEN** mit dem Essen ist hier ausnahmsweise erlaubt: Aus Radieschen lassen sich hübsche Blumen, Mäuschen oder Schweinchen für die Deko schnitzen.

RADIESCHENBLÄTTER-SALAT 🌿

Für 4 Personen
Zubereitung: ca. 20 Min.
Pro Portion: ca. 125 kcal

1 großes oder 2 kleine Bund
Radieschen mit knackigen Blättern
½ Bund Minze
¼ Bio-Zitrone
100 g Naturjoghurt
Salz
schwarzer Pfeffer
2 EL Olivenöl
2 EL Sonnenblumenkerne
1 Prise Chiliflocken

1. Die Radieschen samt Blättern gründlich waschen und die Blätter abschneiden. Welke Blätter aussortieren, die restlichen in feine Streifen schneiden. Dann die Wurzelenden abtrennen und die Radieschen in feine Scheiben schneiden.

2. Die Minze waschen, trocken schütteln und die Blättchen fein schneiden. Das Zitronenviertel heiß abwaschen und abtrocknen. Die Schale fein abreiben und den Saft auspressen.

3. Den Joghurt mit Zitronenschale, 1 EL Zitronensaft, Minze, Salz und Pfeffer verrühren. Das Olivenöl mit einer Gabel unterschlagen, bis ein cremiges Dressing entstanden ist. Die Radieschenscheiben und die Radieschenblätter unterheben und den Salat mit Salz und Pfeffer abschmecken.

4. Die Sonnenblumenkerne in einer Pfanne ohne Fett bei mittlerer Hitze unter Rühren zartbraun rösten. Die Kerne mit Salz und Chiliflocken abschmecken. Den Salat auf vier Teller anrichten, mit den Kernen bestreuen und sofort servieren.

GLASIERTER RETTICH MIT LACHS

Für 4 Personen
Zubereitung: ca. 30 Min.
Pro Portion: ca. 350 kcal

1 großer oder 2 kleine Rettiche
(ca. 600 g)
500 g Lachsfilet ohne Haut
1 EL Zitronensaft
Salz
schwarzer Pfeffer
4 Stängel Estragon
2 EL Butter
1 EL Zucker
125 ml trockener Weißwein oder
trockener Cidre
1 Prise Cayennepfeffer

1. Den Rettich schälen und den Stielansatz abschneiden, die zarten Rettichblätter beiseitelegen. Den Rettich quer in knapp 1 cm dicke Scheiben und diese in ebenso breite Stifte schneiden.

2. Mit den Fingerspitzen über das Lachsfilet fahren und noch vorhandene Gräten mit einer Pinzette vorsichtig herausziehen. Das Fischfilet dann kalt abspülen, trocken tupfen und in breite Streifen schneiden. Diese mit dem Zitronensaft, Salz und Pfeffer würzen. Den Estragon waschen und gut trocken schütteln, die Blättchen abzupfen und fein hacken.

3. Die Butter mit dem Zucker in einer Pfanne schmelzen lassen. Die Rettichstifte hineingeben und bei starker Hitze unter Rühren in 3–4 Min. bissfest braten. Dann mit Salz und Pfeffer würzen und die Rettichstifte an den Pfannenrand schieben.

4. Den Lachs mit dem Estragon in die Pfannenmitte geben und ca. 1 Min. braten. Den Weißwein angießen und einmal kräftig aufkochen lassen. Mit Salz und Cayennepfeffer abschmecken. Die Rettichblätter fein hacken und über das Gemüse streuen. Dazu passt knuspriges Weißbrot oder körniger Reis.

Tataaa: ein Teller voll Sommer! Mit sonnengelber Polenta und kunterbuntem Gemüse. Wer dazu ein bisschen Abkühlung braucht, wird das Tomatentatar-Topping lieben.

GEMÜSEPOLENTA MIT GORGONZOLA

Für 4 Personen
Zubereitung: ca. 45 Min.
Pro Portion: ca. 515 kcal

Salz
250 g Polenta (Maisgrieß)
2 Maiskolben
4 Stangen Staudensellerie
1 große rote Paprikaschote
1 Bund Frühlingszwiebeln
2 Knoblauchzehen
4 EL Olivenöl
schwarzer Pfeffer
200 g Tomaten
1 kleines Bund Basilikum
1 TL Essig
150 g Gorgonzola

1. Für die Polenta in einem Topf 1,1 l Wasser aufkochen und salzen. Die Polenta mit dem Schneebesen einrühren und dann zugedeckt bei sehr schwacher Hitze ca. 30 Min. quellen lassen. Dabei gelegentlich umrühren.

2. Inzwischen die Körner von den Maiskolben lösen. Selleriestangen waschen, die Enden abschneiden und die Stangen in dünne Scheiben schneiden. Die Paprikaschote waschen, vierteln und die Samen und Trennwände entfernen. Die Viertel dann in Streifen schneiden. Die Frühlingszwiebeln putzen, waschen und in Ringe schneiden. Den Knoblauch schälen und fein hacken.

3. In einer Pfanne 2 EL Olivenöl erhitzen und Mais, Sellerie und Paprika mit den Zwiebelringen und dem Knoblauch darin unter Rühren 2–3 Min. andünsten. Mit Salz und Pfeffer würzen und unter die Polenta rühren. Alles 10 Min. weitergaren, bis die Polenta weich und das Gemüse bissfest ist.

4. Für das Tomatentatar die Tomaten waschen und sehr klein schneiden oder hacken, dabei die Stielansätze entfernen. Basilikum waschen und trocken schütteln. Die Blättchen abzupfen und fein schneiden. Tomaten, Basilikum, restliches Öl und Essig vermischen und mit Salz und Pfeffer abschmecken.

5. Den Gorgonzola in kleine Würfel schneiden. Diese unter die Polenta rühren und leicht schmelzen lassen. Die Gemüsepolenta abschmecken und portionsweise anrichten. Mit dem Tomatentatar servieren und bei Tisch auf jede Portion 1 Löffel Tatar geben.

Maiskolben putzen Frischer Mais wird meist in den Hüllblättern angeboten, damit er sich länger frisch hält. Diese einfach ablösen und danach die Fäden, die direkt am Kolben haften, sorgfältig abziehen.

Maiskörner ablösen Den Maiskolben mit der breiten Seite nach unten in eine Schale stellen. (Vorher den eventuell noch vorhandenen Stiel abschneiden.) Dann die Körner mit einem breiten, scharfen Messer direkt am Kolben abschneiden.

Ganze Maiskolben garen Dafür die geputzten Kolben in kochendem Salzwasser in ca. 15 Min. bissfest garen. Dann mit flüssiger Butter bepinseln, salzen und die Körner abknabbern.

MARKTFRISCH, OFENFRISCH!

Einfach immer wieder praktisch: Alles in eine Form schichten und dann ab damit in den Backofen. Und während dort fein gefüllte Salatröllchen goldbraun gratinieren oder zarte Möhrchen unter fluffiger Eiermasse garen, lasse ich mir mit meinen Gästen schon mal die Vorspeise schmecken. Das ist Arbeitsteilung, wie ich sie mag!

♡ SOMMERGEMÜSEGRATIN MIT ZITRONENSAHNE

Für 4 Personen
Zubereitung: ca. 35 Min.
Backen: ca. 30 Min.
Pro Portion: ca. 360 kcal

1 Brokkoli (ca. 250 g)
200 g Mangold
200 g Zucchini
1 rote Paprikaschote (ca. 200 g)
1 Zuckermaiskolben
Salz
schwarzer Pfeffer
2 Frühlingszwiebeln
2 Knoblauchzehen
1 Bio-Zitrone
250 g sehr frische Sahne
50 g frisch geriebener Parmesan
2 EL Butter

Außerdem:
Butter für die Form
Basilikumblättchen zum Bestreuen

1. Den Brokkoli, den Mangold und die Zucchini waschen. Die Brokkoliröschen abtrennen, den Brokkolistiel schälen und in ca. 1 cm große Würfel schneiden. Die Mangoldblätter von den Stielen lösen und grob hacken, die Stiele in Streifen schneiden. Von den Zucchini die Enden abschneiden, die Früchte würfeln.

2. Die Paprikaschote waschen, halbieren und die Samen und Trennwände entfernen. Die Hälften in Streifen schneiden. Vom Mais die Hüllblätter ablösen und die Körner mit einem Messer vom Kolben abschneiden (s. S. 77).

3. In einem Topf Wasser zum Kochen bringen und salzen. Den Brokkoli darin ca. 2 Min. garen, dann die Mangoldstiele und die Maiskörner zufügen und 1 Min. mitgaren. Die Mangoldblätter dazugeben und nur zusammenfallen lassen. Das Gemüse in ein Sieb abgießen, kalt abschrecken und abtropfen lassen.

4. Von den Frühlingszwiebeln die Wurzelenden und welken grünen Teile entfernen. Die Zwiebeln waschen und in feine Ringe schneiden. Den Knoblauch schälen und sehr fein hacken.

5. Den Backofen auf 200° vorheizen. Eine flache, ofenfeste Form mit Butter fetten. Das Gemüse, die Zwiebeln und den Knoblauch mischen, mit Salz und Pfeffer würzen und in der Form verteilen.

6. Die Zitrone heiß abwaschen und abtrocknen. Die Schale fein abreiben und in die Sahne rühren, diese gleichmäßig über das Gemüse gießen. Den Parmesan gleichmäßig daraufstreuen. Die Butter in Flöckchen teilen und auf dem Käse verteilen.

7. Das Gratin im heißen Backofen (Mitte) ca. 30 Min. backen, bis es schön gebräunt ist. Kurz ruhen lassen, danach mit dem Basilikum bestreuen und servieren. Dazu schmecken Kartoffeln, kurz gebratenes Fleisch oder einfach Brot.

PARMIGIANA MIT ZUCCHINI UND PAPRIKA

Für 4 Personen
Zubereitung: ca. 45 Min.
Backen: ca. 30 Min.
Pro Portion: ca. 445 kcal

400 g Auberginen
400 g Zucchini
Salz
1 große gelbe Paprikaschote
1 Bund Frühlingszwiebeln
2 fleischige junge Knoblauchzehen
½ Bund Oregano
5 Sardellenfilets (in Öl)
250 g Mozzarella
8 EL Olivenöl
schwarzer Pfeffer
4 EL frisch geriebener Parmesan

Außerdem:
Basilikumblättchen zum Bestreuen

1. Die Auberginen und die Zucchini waschen. Die Enden abschneiden und die Früchte der Länge nach in dünne Scheiben schneiden. Die Scheiben salzen, damit sie etwas Flüssigkeit verlieren. (So wird die Parmigiana beim Backen nicht zu flüssig.)

2. Die Paprikaschote waschen, halbieren, Samen und Trennwände entfernen und die Hälften in dünne Streifen schneiden. Von den Frühlingszwiebeln Wurzelenden und welke grüne Teile entfernen. Die Zwiebeln waschen und in feine Ringe schneiden. Den Knoblauch schälen und in dünne Scheiben schneiden.

3. Den Oregano waschen, trocken schütteln, die Blättchen abzupfen und fein schneiden. Die Sardellenfilets abtropfen lassen und fein hacken. Den Mozzarella ebenfalls abtropfen lassen und in dünne Scheiben schneiden.

4. Die Auberginen- und Zucchinischeiben mit Küchenpapier trocken tupfen. In einer Pfanne nach und nach 4 EL Öl erhitzen. Die Auberginen und Zucchini darin portionsweise von beiden Seiten braun braten und jeweils wieder herausnehmen. Die Scheiben mit Pfeffer und eventuell noch wenig Salz würzen.

5. Wieder 2 EL Öl in der Pfanne erhitzen. Die Paprikastreifen, die Zwiebelringe, den Knoblauch und den Oregano darin unter Rühren 1–2 Min. braten. Mit Salz und Pfeffer würzen.

6. Den Backofen auf 200° vorheizen. Das gebratene Gemüse lagenweise in eine ofenfeste Form schichten. Dabei jede Lage mit Sardellenwürfelchen bestreuen und mit Mozzarellascheiben belegen. Den Auflauf zuletzt gleichmäßig mit Parmesan bestreuen und mit dem restlichen Olivenöl beträufeln.

7. Die Parmigiana im heißen Ofen (Mitte) ca. 30 Min. backen, bis sie schön gebräunt ist. Herausnehmen und ca. 10 Min. ruhen lassen. Dann mit den Basilikumblättchen bestreuen, in Stücke schneiden und warm, lauwarm oder kalt servieren.

Darf ich vorstellen:

DICKE BOHNEN UND ERBSEN

Erbsen? Fade Tiefkühlkost! Dicke Bohnen? Viehfutter, schließlich heißen sie Saubohnen! Richtig – und auch wieder nicht: Lernen Sie sie mit mir kennen und lieben! Es lohnt sich, versprochen!

Man nennt sie nicht nur Saubohne, sondern auch Pferdebohne, Viehbohne, Ackerbohne oder Favabohne – vermutlich weil sie in Italien »fava« genannt wird. Da habe ich sie übrigens auch kennen und lieben gelernt: In Apulien bereitet man aus ihr ein feines Püree zu und in der Toskana lässt man sie sich im Frühling mit jungem Pecorino schmecken. Bei uns wurde sie früher vor allem im Norden angebaut, dann aber von der grünen Bohne verdrängt. Zum Glück ändert sich das allmählich wieder. Angeboten wird die Dicke Bohne vor allem auf regionalen Märkten.

Die Dicke Bohne gehört zur Familie der Hülsenfrüchte und ist mit der Gartenbohne nicht direkt verwandt. Wie Erbsen und Linsen enthält sie bis zu 30 % Eiweiß, viele Ballaststoffe und nur wenig Fett. Bei den Mineralstoffen punktet sie mit Kalium, Kalzium und Magnesium. Verkauft werden Dicke Bohnen vor allem im Juni und Juli in dicken, fleischigen Hülsen. Davon müssen Sie schon 2 kg kaufen, um 500 g Bohnen zu bekommen. Ob man die dann roh essen darf, darüber streiten sich Experten. Für mich entscheidet der Geschmack: Ich finde sie gegart einfach viel besser!

Nicht so die Erbse. Die habe ich schon als Kind gerne roh gegessen, beim Ernten in Omas Garten. Inzwischen weiß ich, dass das nicht gesund ist, vor allem wegen der Saponine, die in allen rohen Hülsenfrüchten vorkommen. Erbsen werden übrigens geerntet, wenn die Samen noch unreif sind. Wie bei der Dicken Bohne kann man die Hülsen nicht mitessen. (Wie man die beiden aus der Hülse bekommt, erfahren Sie links und auf Seite 55). Und auch bei der Erbse muss man sich den Einkaufskorb gut vollpacken: Für 500 g braucht man etwa 1 ½ kg in den Hülsen.

TIPP
Erbsen palen – was für Oma Alltag war, muss heute so mancher erst wieder lernen. Im Grunde geht's ganz einfach: Mit den Fingern auf die Naht drücken, bis die Schote an einer Stelle aufplatzt. Dann die Schote aufklappen und die Erbsen in eine Schüssel streifen.

CROSTINI MIT ERBSENPÜREE

Für 4 Personen
Zubereitung: ca. 30 Min.
Pro Portion: ca. 350 kcal

500 g Erbsen (ca. 185 g gepalt)
Salz
4 EL Olivenöl
schwarzer Pfeffer
4 Stängel Basilikum
½ Bio-Zitrone
12 Scheiben (Vollkorn-)Baguette

1. Die Erbsen aus den Schoten lösen (s. S. 55). In einem Topf Wasser zum Kochen bringen, salzen und die Erbsen darin bei starker Hitze in 6 – 8 Min. weich kochen. In einem Sieb kalt abschrecken, abtropfen und abkühlen lassen. Die Erbsen dann mit 1 EL Olivenöl fein pürieren, mit Salz und Pfeffer abschmecken.

2. Das Basilikum waschen, trocken schütteln und die Blättchen fein schneiden. Die Zitronenhälfte heiß abwaschen, abtrocknen und die Schale fein abreiben. Mit dem Basilikum und dem restlichen Öl verrühren und mit Salz und Pfeffer würzen.

3. Die Brote im Toaster oder im heißen Backofen bei 250° knusprig rösten. Danach mit dem Erbsenpüree bestreichen und mit etwas Basilikum-Zitronen-Öl beträufeln. Warm servieren.

ERBSEN-MINZE-PÜREE

Für diese feine Beilage 1 kg Erbsen palen, garen und pürieren. Das Püree mit 100 g Sahne, der abgeriebenen Schale von ½ Bio-Zitrone und den fein gehackten Blättchen von ¼ Bund Minze verrühren. Mit Salz und Pfeffer oder Chiliflocken abschmecken und wieder leicht erwärmen. Zu Lamm oder Geflügel servieren.

MARINIERTE DICKE BOHNEN

Für 4 Personen
Zubereitung: ca. 35 Min.
Marinieren: ca. 1 Std.
Pro Portion: ca. 225 kcal

1,3 kg Dicke Bohnen (ca. 350 g gepalt)
2 Zweige Bohnenkraut
Salz
2 Tomaten
2 Stängel Oregano
2 Frühlingszwiebeln
1 EL Sherry- oder milder Weißweinessig
4 EL Olivenöl
schwarzer Pfeffer
100 g dünne Scheiben roher Schinken (z. B. Serranoschinken)

1. Die Bohnen aus den Hülsen lösen, Bohnenkraut waschen. In einem Topf Wasser zum Kochen bringen und salzen. Die Bohnen mit dem Bohnenkraut hineingeben und offen in ca. 8 Min. bissfest kochen. In einem Sieb kalt abschrecken und die Kerne aus den hellen Häuten drücken (s. S. 55). Das Bohnenkraut von den Stielen in eine Schüssel streifen.

2. Die Tomaten waschen und klein würfeln, dabei die Stielansätze herausschneiden. Den Oregano waschen, trocken schütteln und die Blättchen fein hacken. Die Frühlingszwiebeln putzen, waschen und in feine Ringe schneiden.

3. Essig und Olivenöl mit dem Bohnenkraut zu einem cremigen Dressing rühren. Bohnen, Tomaten, Zwiebeln und Oregano unterheben. Abschmecken und mindestens 1 Std. ziehen lassen. Nach dieser Zeit den Schinken auf vier Teller auslegen und die marinierten Bohnen daraufgeben. Mit Weißbrot servieren.

SO SCHMECKT'S MIR AUCH

Heute lieber ein Carpaccio? Dafür richte ich die marinierten Bohnen auf dünnen rohen Rindfleischscheiben an.

ZUCKERSCHOTEN- MÖHREN-TARTE 🌿

Für 1 Tarteform | 12 Stücke
Zubereitung: ca. 40 Min.
Backen: ca. 40 Min.
Pro Stück: ca. 265 kcal

225 g Mehl
Salz
125 g kalte Butter
3 Eier (Größe M)
400 g Zuckerschoten
300 g junge Möhren
8 Stängel Estragon
schwarzer Pfeffer
100 g Crème fraîche
100 g Sahne
100 g frisch geriebener Bergkäse

Außerdem:
Backpapier
Tarteform (30 cm Ø)

1. Für den Teig Mehl und 1 TL Salz in einer Schüssel mischen. Die Butter würfeln und mit 1 Ei dazugeben. Alle Zutaten mit den Händen oder mit den Knethaken des Handrührgeräts zu einem glatten Teig verkneten. Falls der Teig zu trocken ist, teelöffelweise kaltes Wasser unterkneten.

2. Den Teig zu einer Kugel formen, zwischen zwei Bögen Backpapier legen und mit dem Nudelholz bzw. der Teigrolle zu einem Kreis (ca. 35 cm Ø) ausrollen. Die Tarteform mit dem Kreis auskleiden und dabei einen 2–3 cm hohen Rand formen. Teig in der Form bis zur Verwendung ins Tiefkühlfach stellen.

3. Für den Belag die Zuckerschoten waschen und die Enden abschneiden. Fäden, die sich dabei lösen, abziehen. Die Schoten in ca. 3 cm lange Stücke schneiden. Die Möhren schälen, putzen und der Länge nach vierteln. In einem großen Topf reichlich Wasser zum Kochen bringen und salzen. Die Zuckerschoten und die Möhren darin ca. 2 Min. sprudelnd kochen lassen, in einem Sieb kalt abschrecken und abtropfen lassen.

4. Den Backofen auf 180° vorheizen. Den Estragon waschen und trocken schütteln, die Blätter fein hacken. Mit den Zuckerschoten und den Möhren mischen, mit Salz und Pfeffer würzen. Das Gemüse auf dem gekühlten Teigboden verteilen.

5. Die Crème fraîche mit der Sahne und den restlichen Eiern mit dem Schneebesen verrühren. Den Käse unterheben, die Eiermasse mit Salz und Pfeffer würzen, auf dem Gemüse verteilen. Die Tarte im heißen Ofen (Mitte) ca. 40 Min. backen, bis der Belag schön gebräunt ist. Herausnehmen und ca. 10 Min. ruhen lassen. Die Tarte dann in Stücke schneiden und servieren.

So SCHMECKT'S MIR AUCH

Je nach Angebot belege ich meine Tarte auch mal mit Erbsen oder grünen Bohnen statt Zuckerschoten und mit Paprika oder Kohlrabi statt Möhren. Die Gemüse jeweils vorkochen.

MANGOLD MIT PARMESANHAUBE

Für 4 Personen
Zubereitung: ca. 30 Min.
Backen: ca. 25 Min.
Pro Portion: ca. 245 kcal

500 g Mangold
Salz
je 1 rote und gelbe Paprikaschote
2 Frühlingszwiebeln
½ Bund Petersilie
1 EL Butter
1 EL Mehl
½ l Milch
schwarzer Pfeffer
1 TL edelsüßes Paprikapulver
100 g frisch geriebener Parmesan
oder Grana Padano

1. Den Mangold waschen. Die Blätter von den Stielen lösen und grob hacken. Die Stiele in feine Streifen schneiden und in kochendem Salzwasser ca. 1 Min. garen. Die Blätter 1 Min. mitgaren. Den Mangold kalt abschrecken und abtropfen lassen.

2. Die Paprikaschoten waschen, vierteln und die Samen und Trennwände entfernen. Die Viertel in feine Streifen schneiden. Die Frühlingszwiebeln putzen, waschen und in feine Ringe schneiden. Die Petersilie waschen und trocken schütteln, die Blättchen abzupfen und fein schneiden.

3. Die Butter in einem Topf zerlassen. Das Mehl einrühren und bei mittlerer Hitze goldgelb rösten. Die Milch mit dem Schneebesen unterrühren und die Sauce dann offen bei schwacher bis mittlerer Hitze ca. 10 Min. köcheln lassen, bis sie cremig ist.

4. Den Backofen auf 220° vorheizen. Mangold, Paprika, Zwiebeln und Petersilie mischen. Mit Salz, Pfeffer und Paprikapulver abschmecken und in eine ofenfeste Form geben. Den Parmesan in die Sauce rühren und diese auf dem Gemüse verteilen. Das Gemüse im heißen Backofen (Mitte) ca. 25 Min. backen, bis es gebräunt ist. Herausnehmen, kurz ruhen lassen und servieren.

GRATINIERTE TOMATEN 🌿

Für 4 Personen
Zubereitung: ca. 20 Min.
Backen: ca. 25 Min.
Pro Portion: ca. 270 kcal

1 kg feste vollreife Tomaten
Salz
schwarzer Pfeffer
2 Knoblauchzehen
2 Frühlingszwiebeln
1 EL entsteinte schwarze Oliven
4 Zweige Thymian oder Bohnenkraut
100 g Schwarzbrot oder Pumpernickel
100 g Schafskäse (Feta)
5 EL Olivenöl

1. Die Tomaten waschen und halbieren, dabei die Stielansätze entfernen. Die Tomaten mit der Schnittfläche nach oben in eine ofenfeste Form setzen und mit Salz und Pfeffer bestreuen. Den Knoblauch schälen und fein hacken. Frühlingszwiebeln putzen, waschen und in feine Ringe schneiden. Die Oliven fein hacken.

2. Den Backofen auf 200° vorheizen. Den Thymian oder das Bohnenkraut waschen und trocken schütteln. Die Blättchen von den Stielen streifen, das Bohnenkraut fein hacken.

3. Das Brot und den Schafskäse in kleine Stücke zerkrümeln. Beides mit Knoblauch, Zwiebelringen, Oliven, Thymian oder Bohnenkraut und dem Olivenöl mischen. Die Bröselmasse mit Salz und Pfeffer würzen und gleichmäßig auf den Tomaten verteilen. Die Tomaten im heißen Ofen (Mitte) ca. 25 Min. backen, bis die Oberfläche schön gebräunt ist. Herausnehmen und kurz ruhen lassen, dann servieren.

So SCHMECKT'S MIR AUCH

Die Tomaten verwandeln sich im Nu in eine feine Vorspeise. Dafür abkühlen lassen und auf Rucola anrichten.

GRATINIERTE SALATRÖLLCHEN

Für 4 Personen
Zubereitung: ca. 45 Min.
Backen: ca. 25 Min.
Pro Portion: ca. 385 kcal

1 Fenchelknolle (ca. 300 g)
150 g zarter Blattspinat oder Rucola
1 frische rote Zwiebel oder
2 Frühlingszwiebeln
2 Knoblauchzehen
400 g Tomaten
4 EL Olivenöl
Salz
12 große oder 16 mittelgroße
Romanasalat-Blätter
200 g rohe Bratwürste
150 g Ricotta oder
Doppelrahmfrischkäse
Chiliflocken (nach Belieben)
4 EL frisch geriebener Parmesan

1. Beim Fenchel die Stiele und welken Stellen abschneiden. Die Knolle waschen, vierteln und den Strunk herausschneiden. Die Viertel würfeln, das zarte Fenchelgrün waschen und fein hacken. Den Spinat verlesen. Die Blätter sorgfältig waschen, abtropfen lassen und mittelgrob hacken.

2. Die Zwiebel schälen oder die Frühlingszwiebeln putzen und waschen, dann fein schneiden. Den Knoblauch schälen und fein hacken. Die Tomaten häuten (s. S. 61) und klein würfeln.

3. In einem Topf 1 EL Olivenöl erhitzen und Fenchel, Zwiebel und Knoblauch darin bei mittlerer Hitze unter Rühren ca. 2 Min. braten. Den Spinat mit dem Fenchelgrün untermischen und nur zusammenfallen lassen. Das Gemüse mit Salz würzen.

4. Die Salatblätter waschen. In einem weiten Topf reichlich Wasser aufkochen, salzen. Die Salatblätter darin in zwei Portionen je ca. 30 Sek. blanchieren, bis sie zusammenfallen. Herausheben, kalt abschrecken und auf der Arbeitsfläche ausbreiten.

5. Den Backofen auf 200° vorheizen. Das Bratwurstbrät aus den Wursthäuten drücken und fein zerkleinern. Das Brät sorgfältig mit dem Ricotta vermischen, dann das Gemüse unterrühren. Die Brätmasse mit Salz und nach Belieben Chiliflocken abschmecken und auf den Salatblättern verteilen. Die Ränder der Salatblätter nach innen schlagen und die Blätter aufrollen.

6. Die Tomaten in einer ofenfesten Form verteilen und mit Salz und Pfeffer würzen. Die Röllchen daraufsetzen, mit dem Parmesan bestreuen und mit dem restlichen Öl beträufeln. Im Ofen (Mitte) ca. 25 Min. backen, bis sie schön gebräunt sind. Die Röllchen mit den Tomaten auf vier Teller anrichten und servieren.

SO SCHMECKT'S MIR

Die Röllchen serviere ich gerne mit frischem Baguette als leichten Gang bei einem sommerlichen Menü. Mit Risotto oder auch Kartoffeln als Beilage werden sie zu einem Hauptgericht.

GEFÜLLTE TOMATEN MIT COUSCOUS UND LAMM

Für 4 Personen
Zubereitung: ca. 40 Min.
Backen: ca. 30 Min.
Pro Portion: ca. 435 kcal

100 g Couscous
8 kleinere Fleischtomaten
(ca. 1,8 kg)
300 g magere Lammkeule oder
-schulter
je ½ Bund Koriandergrün und
Petersilie
2 Frühlingszwiebeln
2 Knoblauchzehen
Salz
schwarzer Pfeffer
je 1 TL rosenscharfes und edelsüßes
Paprikapulver
1 Prise Zucker
4 EL Mandelstifte
2 EL Olivenöl

1. Den Couscous in einer Schüssel knapp mit heißem Wasser bedecken und ca. 15 Min. quellen lassen.

2. Inzwischen die Tomaten waschen und jeweils einen Deckel abschneiden. Mit einem Löffel die Kerne und das weiche Fruchtfleisch herausheben. Das ausgelöste Fruchtfleisch und auch die Tomatendeckel fein hacken. Das Lammfleisch von Fettstücken und Sehnen befreien und in sehr kleine Würfel schneiden.

3. Das Koriandergrün und die Petersilie waschen und trocken schütteln, die Blättchen abzupfen und fein hacken. Frühlingszwiebeln putzen, waschen und fein hacken. Knoblauch schälen und ebenfalls fein hacken.

4. Den Backofen auf 200° vorheizen. Den Couscous mit den Fleischwürfeln, Kräutern, Frühlingszwiebeln, dem Knoblauch und 3 EL gehacktem Tomatenfruchtfleisch mischen. Die Masse mit Salz, Pfeffer und den beiden Paprikasorten würzen.

5. Die Tomaten mit der Couscousmasse füllen und dann nebeneinander in eine ofenfeste Form setzen. Das restliche Tomatenfruchtfleisch mit Salz, Pfeffer und Zucker abschmecken und rundum verteilen. Die gefüllten Tomaten mit den Mandelstiften bestreuen und mit dem Olivenöl beträufeln.

6. Die Tomaten im heißen Ofen (Mitte) ca. 30 Min. backen, bis sie leicht gebräunt sind. Mit der Sauce und Brot servieren.

GEFÜLLTE SPITZPAPRIKA MIT SCHAFSKÄSE

4 rote oder gelbe Spitzpaprika waschen, die Deckel abschneiden und Samen und Trennwände entfernen. Paprikaschoten leicht salzen. 200 g Schafskäse (Feta) mit einer Gabel zerdrücken und mit 4 EL Olivenöl, 2 TL getrocknetem Oregano, Chiliflocken nach Geschmack und wenig Salz abschmecken. In die Schoten füllen und diese in eine ofenfeste Form legen. Mit etwas Öl beträufeln und im 200° heißen Ofen ca. 30 Min. backen, bis sie gebräunt sind. Als Vorspeise oder Beilage servieren.

ZUCCHINI–PAPRIKA–PIZZA

Für 1 Backblech | 8 Stücke
Zubereitung: ca. 45 Min.
Ruhen: ca. 1 Std.
Backen: ca. 15 Min.
Pro Stück: ca. 325 kcal

¼ Würfel frische Hefe (ca. 10 g)
1 Prise Zucker
400 g Mehl
Salz
4 EL Olivenöl
500 g Tomaten
1 TL getrockneter Oregano
schwarzer Pfeffer
1 kleiner junger Zucchino
je 1 kleine rote und gelbe
Paprikaschote
4 Sardellenfilets (in Öl)
250 g Mozzarella

Außerdem:
Backpapier für das Blech

1. Die Hefe in eine kleine Schüssel krümeln und mit dem Zucker in 175 ml lauwarmem Wasser auflösen. Das Mehl mit 1 TL Salz und 1 EL Olivenöl in eine große Schüssel geben. Die angerührte Hefe dazugießen und alles mit den Händen zu einem glatten Teig verkneten. Den Teig zugedeckt an einem warmen Ort ca. 1 Std. gehen lassen, bis er sein Volumen verdoppelt hat.

2. Inzwischen die Tomaten häuten (s. S. 61) und klein würfeln. Die Würfel mit 1 EL Öl in einem Topf erwärmen. Den Oregano zwischen den Fingerspitzen verreiben und untermischen. Die Tomaten offen bei mittlerer Hitze in ca. 10 Min. dickflüssig einkochen lassen. Die Sauce mit Salz und Pfeffer abschmecken.

3. Den Zucchino waschen, putzen und der Länge nach in feine Scheiben hobeln oder schneiden. Die Paprikaschoten waschen, vierteln und die Samen und Trennwände entfernen. Die Viertel in knapp 1 cm breite Streifen schneiden. Die Sardellenfilets abtropfen lassen und in Stücke schneiden.

4. Den Backofen auf 250° vorheizen, ein Backblech mit Backpapier belegen. Den Teig nochmals durchkneten und auf dem Backpapier dünn ausrollen, die Ränder etwas dicker formen.

5. Die Tomatensauce auf dem Teig verstreichen. Die Zucchinischeiben, Paprikastreifen und die Sardellen darauf verteilen und leicht salzen und pfeffern. Die Pizza mit 1 EL Öl beträufeln und im heißen Backofen (Mitte) ca. 10 Min. backen.

6. Inzwischen den Mozzarella abtropfen lassen und in Scheiben schneiden. Die Pizza aus dem Ofen nehmen, mit den Mozzarellascheiben belegen und mit dem restlichen Öl beträufeln. Wieder in den Ofen schieben und die Pizza nochmals 5–8 Min. backen, bis der Mozzarella geschmolzen ist. Die fertige Pizza in Stücke schneiden und ofenfrisch servieren.

OFENFISCH AUF MANGOLD MIT ZITRONENBUTTER

Für 4 Personen
Zubereitung: ca. 35 Min.
Backen: ca. 35 Min.
Pro Portion: ca. 660 kcal

800 g Mangold
Salz
2 Stangen Staudensellerie
400 g Tomaten
1 rote Zwiebel
je 1 Zweig Rosmarin und Salbei
2 EL schwarze Oliven
1 EL Kapern (aus dem Glas, nach
Belieben)
100 ml trockener Weißwein oder
Gemüsebrühe (Instant)
4 EL Olivenöl
schwarzer Pfeffer oder Chiliflocken
1 küchenfertiger Fisch (ca. 1 kg,
z. B. Lachsforelle)
2 fleischige Knoblauchzehen
½ Bio-Zitrone
6 Stängel Basilikum
80 g weiche Butter

1. Den Mangold waschen. Die Blätter von den Stielen lösen und grob hacken. Die Stiele in ca. 1 cm breite Streifen schneiden. In einem Topf reichlich Wasser zum Kochen bringen und salzen. Die Mangoldblätter und -stiele darin 1 Min. sprudelnd kochen lassen, abgießen, kalt abschrecken und abtropfen lassen.

2. Den Sellerie waschen und putzen. Die Stangen in schmale Scheiben schneiden, das zarte Grün hacken. Die Tomaten häuten (s. S. 61) und klein würfeln. Die Zwiebel schälen, vierteln und in feine Streifen schneiden. Rosmarin und Salbei waschen, trocken schütteln und Nadeln und Blättchen fein hacken.

3. Mangold, Sellerie und Tomaten mit Zwiebel, den Kräutern, Oliven und nach Belieben Kapern, Wein und 2 EL Olivenöl in einer großen, ofenfesten Form mischen. Salzen und pfeffern.

4. Den Backofen auf 200° vorheizen. Den Fisch innen und außen kalt abspülen und trocken tupfen. Den Knoblauch schälen, in dickere Scheiben schneiden und in die Bauchhöhle legen. Den Fisch innen und außen mit Salz und Pfeffer würzen, dann auf das Gemüse legen und mit dem restlichen Öl beträufeln. Im heißen Backofen (Mitte) ca. 35 Min. garen.

5. Inzwischen die Zitronenhälfte heiß abwaschen, abtrocknen und die Schale fein abreiben. Das Basilikum waschen, trocken schütteln und die Blättchen fein hacken. Butter, Zitronenschale, Basilikum und Salz verkneten und bis zum Servieren kühlen.

6. Den Fisch aus dem Ofen nehmen und in die einzelnen Filets teilen. Die Filets mit dem Gemüse auf vier Teller anrichten. Jeweils etwas Zitronenbutter auf den Fisch geben und schmelzen lassen, die restliche Butter dazu reichen. Dazu passt Baguette.

SO SCHMECKT'S MIR AUCH
Je nach Angebot bereite ich statt dem großen Fisch auch mal zwei kleinere Fische (je ca. 500 g) zu. Fein sind z. B. Meer- oder Goldbrassen, sie müssen nur ca. 25 Min. im heißen Ofen garen.

ORIENTALISCHE AUBERGINEN 🌿

Für 4 Personen
Zubereitung: ca. 25 Min.
Backen: ca. 40 Min.
Pro Portion: ca. 270 kcal

2 mittelgroße Auberginen (ca. 800 g)
Salz | 1 Bund Koriandergrün
½ Bund Petersilie
4 Knoblauchzehen
1 große Frühlingszwiebel
je 1 EL edelsüßes Paprikapulver,
gemahlener Kreuzkümmel und
Ras-el-hanout (Gewürzmischung)
schwarzer Pfeffer
6 EL Olivenöl | 1 EL Zitronensaft
1 Stängel Minze
400 g Naturjoghurt
½ TL Harissa
1 TL gemahlener Koriander

1. Die Auberginen waschen, den Stielansatz abschneiden. Die Früchte der Länge nach im Abstand von gut 1 cm so in Scheiben schneiden, dass sie an einem Ende noch zusammenhängen. Die Auberginen salzen. Den Backofen auf 200° vorheizen.

2. Das Koriandergrün und die Petersilie waschen, trocken schütteln und die Blättchen fein hacken. Den Knoblauch schälen. Von der Frühlingszwiebel das Wurzelende und welke grüne Teile entfernen. Die Zwiebel waschen und mit dem Knoblauch möglichst fein hacken. Zwiebelmischung, Kräuter, Gewürze, Salz, Pfeffer, 4 EL Olivenöl und Zitronensaft verrühren.

3. Die Würzmischung auf die Auberginenscheiben streichen. Die Früchte nebeneinander in eine ofenfeste Form legen und mit 2 EL Öl beträufeln. Im heißen Ofen (Mitte) ca. 40 Min. backen, bis sie weich und schön gebräunt sind. Dabei ein- bis zweimal den ausgetretenen Saft über die Auberginen löffeln.

4. Inzwischen die Minze waschen, trocken schütteln und die Blättchen fein hacken. Den Joghurt mit Minze, Harissa und dem Koriander verrühren und mit Salz abschmecken. Zu den Auberginen servieren. Dazu schmecken Couscous oder Fladenbrot.

OFEN-RATATOUILLE

Für 4 Personen
Zubereitung: ca. 30 Min.
Backen: ca. 40 Min.
Pro Portion: ca. 320 kcal

1 Aubergine (ca. 300 g)
400 g junge Zucchini
1 rote Paprikaschote
1 gelbe Paprikaschote
¼ Bund Thymian
9 EL Olivenöl
400 g Tomaten
2 fleischige junge Knoblauchzehen
1 Prise Zucker oder 1 Msp. Honig
2 Bund Basilikum
50 g frisch geriebener Parmesan
oder französischer Bergkäse
Salz
schwarzer Pfeffer

1. Den Backofen auf 180° vorheizen. Die Aubergine und die Zucchini waschen und in ca. 2 cm große Würfel schneiden. Die Paprikaschoten waschen, halbieren und Samen und Trennwände entfernen. Die Hälften in 1 cm breite Streifen schneiden. Den Thymian waschen, trocken schütteln und die Blättchen abzupfen.

2. Aubergine, Zucchini, Paprika, Thymian und 4 EL Olivenöl in einer ofenfesten Form mischen und mit Salz und Pfeffer würzen. Das Gemüse im heißen Ofen (Mitte) ca. 30 Min. backen, bis es zu bräunen beginnt. Dabei ein- bis zweimal durchrühren.

3. Inzwischen die Tomaten häuten (s. S. 61) und würfeln. Den Knoblauch schälen und in dünne Scheiben schneiden. Tomaten, Knoblauch und Zucker unter das Gemüse rühren und dieses noch 10 Min. weiterbacken.

4. Für die Kräuterpaste das Basilikum waschen und trocken schütteln. Die Blättchen abzupfen, grob hacken und mit dem restlichen Öl fein pürieren. Den Käse einrühren und die Paste mit Salz und Pfeffer abschmecken. Die Ratatouille nochmals durchrühren und mit der Paste servieren. Dazu schmeckt Baguette; wer mag, serviert noch gebratene Lammkoteletts dazu.

KRÄUTERLASAGNE MIT ROHER TOMATENSAUCE

Für 4 Personen
Zubereitung: ca. 40 Min.
Backen: ca. 35 Min.
Pro Portion: ca. 885 kcal

Für die Lasagne:
700 g Kräuter (z. B. Borretsch, junger
Löwenzahn und Brennnesseln,
Petersilie und Rucola) oder Kräuter
und Blattspinat gemischt
Salz
1 Bund Frühlingszwiebeln
60 g Butter
30 g Mehl
½ l Milch
¼ l Gemüsebrühe (Instant)
250 g Mozzarella
100 g frisch geriebener Parmesan
2 TL Tomatenmark
schwarzer Pfeffer
frisch geriebene Muskatnuss
250 g Lasagneblätter (ohne
Vorkochen)

Für die Tomatensauce:
500 g Tomaten
4 getrocknete Tomaten (in Öl)
8 Stängel Basilikum
2 EL Olivenöl

1. Die Kräuter verlesen, dicke Stiele abknipsen und die Kräuter in stehendem kaltem Wasser mehrmals gründlich waschen. (Für Brennnesseln Gummihandschuhe anziehen.) In einem Topf reichlich Wasser zum Kochen bringen und salzen. Die Kräuter hineingeben, einmal aufkochen, sofort abgießen und kalt abschrecken. Abtropfen lassen, gut ausdrücken, dann fein hacken. Die Frühlingszwiebeln putzen, waschen und in feine Ringe schneiden. Mit den Kräutern mischen und mit Salz würzen.

2. Für die Béchamelsauce 40 g Butter in einem Topf schmelzen. Das Mehl einstreuen und bei mittlerer Hitze unter Rühren goldgelb rösten. Milch und Brühe mit dem Schneebesen gut unterrühren, die Sauce offen bei mittlerer Hitze ca. 10 Min. köcheln lassen. Den Mozzarella abtropfen lassen und klein würfeln.

3. Die Hälfte vom Parmesan in der Béchamelsauce schmelzen lassen. Das Tomatenmark einrühren und die Sauce mit Salz, Pfeffer und Muskat abschmecken. Lauwarm abkühlen lassen.

4. Den Backofen auf 180° vorheizen. In einer großen, eckigen Auflaufform etwas Béchamelsauce verteilen. Jetzt nacheinander Nudelblätter, Kräutermischung, einige Mozzarellawürfel und Béchamel einschichten. Fortfahren, bis alle Zutaten aufgebraucht sind und mit Nudelblättern und Béchamelsauce abschließen.

5. Den übrigen Parmesan aufstreuen und die restliche Butter in Flöckchen daraufsetzen. Die Lasagne im Ofen (Mitte) ca. 35 Min. backen, bis sie gebräunt ist und die Nudelblätter weich sind.

6. Inzwischen für die Tomatensauce die Tomaten waschen und sehr klein würfeln, dabei die Stielansätze entfernen. Die getrockneten Tomaten abtropfen lassen und fein hacken. Das Basilikum waschen und trocken schütteln, die Blättchen abzupfen und fein schneiden. Frische und getrocknete Tomaten, Basilikum und Öl mischen und mit Salz und Pfeffer abschmecken. Die Lasagne aus dem Ofen nehmen, ca. 10 Min. ruhen lassen, dann in Stücke schneiden und mit der rohen Tomatensauce servieren.

BLUMENKOHL—SALSICCIA— CANNELLONI

Für 4 Personen
Zubereitung: ca. 40 Min.
Backen: 30 Min.
Pro Portion: ca. 705 kcal

400 g Blumenkohl
Salz
250 g frische Salsiccia (ersatzweise rohe Bratwürste)
8 Zweige Thymian
150 g Ricotta
1 Ei (Größe M)
schwarzer Pfeffer
ca. 200 g Cannellonirollen (ohne Vorkochen)
700 g Tomaten
3 EL Olivenöl
1 Prise Zucker
½ TL Chiliflocken
125 g Mozzarella

Außerdem:
Öl für die Form

1. Den Blumenkohl waschen und die Röschen in sehr kleine Stücke brechen, die in die Nudelrollen passen. In einem Topf reichlich Wasser zum Kochen bringen und salzen. Blumenkohlröschen darin ca. 1 Min. sprudelnd kochen, in ein Sieb abgießen, gründlich kalt abschrecken und abtropfen lassen.

2. Die Salsiccia in kleinen Stücken aus der Wursthaut drücken. Den Thymian waschen, trocken schütteln und die Blättchen von den Stielen streifen. Ricotta und Ei verrühren. Das Salsiccia-Brät dazugeben und alles mit einer Gabel sorgfältig vermischen. Den Blumenkohl und den Thymian unterrühren und die Masse mit Salz und Pfeffer abschmecken.

3. Den Backofen auf 200° vorheizen. Eine flache, ofenfeste Form mit Öl ausstreichen. Die Blumenkohl-Salsiccia-Masse mit den Fingern in die Cannellonirollen füllen und diese nebeneinander in die gefettete Form legen.

4. Die Tomaten waschen und würfeln, dabei die Stielansätze herausschneiden. Die Würfel mit 1 EL Olivenöl, Salz, Zucker und Chiliflocken im Mixer fein pürieren und über die Cannelloni gießen. Den Mozzarella abtropfen lassen, klein würfeln und dann darüberstreuen. Das restliche Öl darüberträufeln.

5. Die Cannelloni im heißen Ofen (Mitte) ca. 30 Min. backen, bis die Oberfläche schön gebräunt ist und die Nudelrollen weich sind. Herausnehmen und ca. 10 Min. ruhen lassen, dann warm servieren. Dazu schmeckt ein Blattsalat.

So SCHMECKT'S MIR AUCH
Heute lieber eine vegetarische Füllung? Dafür 250 g Ricotta und 2 Eier (Größe M) verrühren. Statt der Salsiccia 100 g Blauschimmelkäse in kleine Würfel schneiden und einrühren. Blumenkohl und Thymian untermischen und wie beschrieben fortfahren.

Harte Schale, weicher Kern: Die kugelrunden Rondini sind wie geschaffen fürs Aushöhlen und Füllen. Das lasse ich mir nicht zwei Mal sagen – hier mein Lieblingsrezept:

RONDINI MIT HUHN-GEMÜSE-FÜLLUNG

Für 4 Personen
Zubereitung: ca. 35 Min.
Backen: ca. 35 Min.
Pro Portion: ca. 285 kcal

8 Rondini (je ca. 200 g)
Salz
300 g Hähnchenbrustfilet
1 ½ Scheiben Toastbrot oder Baguette
2 Tomaten (ca. 200 g)
2 Frühlingszwiebeln
1 großes Bund Basilikum
1 Stück frischer Ingwer (ca. 1 cm)
½ Bio-Zitrone
2 EL Olivenöl
½ TL Chiliflocken
4 EL Pinienkerne

1. Die Rondini waschen und den Stiel abschneiden. In einem Topf Wasser aufkochen, salzen. Die Rondini hineinlegen und bei halb aufgelegtem Deckel bei mittlerer Hitze ca. 15 Min. garen. Danach in einem Sieb kalt abschrecken und abtropfen lassen.

2. Inzwischen für die Füllung das Fleisch kalt abspülen und trocken tupfen. Das Filet zuerst in Würfel schneiden, dann mit einem schweren Messer möglichst fein hacken. Das Brot in einer Schale mit Wasser bedecken und weich werden lassen.

3. Die Tomaten waschen oder häuten (s. S. 61) und in kleine Würfel schneiden. Die Frühlingszwiebeln putzen, waschen und fein hacken. Das Basilikum waschen und trocken schütteln. Die Blättchen abzupfen und fein schneiden, ca. 2 TL davon beiseitelegen. Den Ingwer schälen und fein hacken. Die Zitronenhälfte heiß abwaschen, abtrocknen und die Schale fein abreiben.

4. Das Brot ausdrücken und fein zerpflücken. Mit Hähnchenfleisch, Tomaten, Zwiebeln, Basilikum, Ingwer, Zitronenschale und dem Olivenöl in eine Schüssel geben. Alles mit Salz und den Chiliflocken würzen und gut mischen.

5. Den Backofen auf 180° vorheizen. Die Rondini quer halbieren und aushöhlen. Die Rondini innen leicht salzen, mit der Fleischmasse füllen und nebeneinander in eine ofenfeste Form setzen.

6. Die Rondini mit den Pinienkernen bestreuen und im Ofen (Mitte) ca. 35 Min. backen, bis sie schön gebräunt sind. Herausnehmen und kurz ruhen lassen, dann mit dem restlichen Basilikum bestreut servieren. Dazu passen Bratkartoffeln oder Brot.

Nicht verwechseln mit Zucchini!
Rondini (unten rechts im Bild) haben wie andere Kürbisse eine sehr harte Schale. Die Früchte nur waschen, den Stiel abschneiden und die Rondini in Salzwasser vorkochen. Doch runde Zucchini (unten links im Bild) erwischt? Ohne Vorkochen verwenden!

Rondini halbieren Die Rondini quer in der Mitte durchschneiden. Die Hälften zur Probe in eine ofenfeste Form setzen. Wenn sie umkippen, die untere Rundung etwas flacher schneiden.

Rondini aushöhlen Die Kerne mitsamt dem umgebenden Fruchtfleisch mit einem scharfkantigen Löffel aus den Rondinihälften lösen. Das ausgehöhlte Fruchtfleisch wegwerfen, die Kerne sind zu hart.

ZUCCHINI

In Scheiben gebraten oder gegrillt wandern sie auf die Antipasti-Teller dieser Welt, ohne dass sie uns groß auffallen. Darum dürfen sie jetzt mal in den Vordergrund rücken: etwa roh als frischer Salat oder mit fein gefüllter Blüte aus dem Ofen.

ZU GROSS GEWORDEN? Am besten schmecken sie jung, zart und 10 – 20 cm groß. Wenn Zucchini trotzdem einmal riesig werden: wie einen Kürbis schälen und die dicken Kerne im Inneren entfernen.

AUSSPRACHE: Weil die Italiener ein »c« vor einem »h« als »k« aussprechen, sagt man »Zukkini« bzw. in der Schweiz »Zukketti«.

Sommerkost für heiße Tage: Zucchini enthalten **HAUPTSÄCHLICH WASSER,** so um die 80 kcal pro 100 g und dazu die Mineralstoffe Kalium, Kalzium und Phosphor. Nicht nur leicht, sondern auch gesund, diese Teile!

Äußerst ähnlich: Kugelrunde Zucchini kann man leicht mit Rondini verwechseln. Beide gehören zwar zu den Kürbisgewächsen, doch im Gegensatz zu Zucchini haben Rondini eine ungenießbar harte Schale und eignen sich nicht zum Rohverzehr.

Leuchtend gelbe Blütenpracht: Die weibliche Zucchiniblüte hat gleichzeitig ein **Zucchini-Baby** in Form einer dünnen, fingerlangen Frucht, die männliche sitzt an einem langen Stiel. So oder so: einfach ideal zum Füllen.

Von Farben und Formen: Dunkelgrün, hellgrün, **FEIN GESTREIFT** oder sogar gelb präsentiert sie sich meist länglich oder auch mal hübsch kugelrund.

GUTE FREUNDE: Zucchini am besten mit ihren Sommerkumpels genießen. Ihre liebsten: Tomaten, Knoblauch, Basilikum, Rucola, Minze.

ROHER ZUCCHINISALAT

Für 4 Personen
Zubereitung: ca. 20 Min.
Pro Portion: ca. 210 kcal

400 g junge zarte Zucchini
Salz
4 Stängel Basilikum
1 Stängel Minze
½ Bio-Zitrone
schwarzer Pfeffer
4 EL Olivenöl
4 EL Pinienkerne
einige Salatblätter (z. B. Romana
oder Rucola)
50 g Parmesan oder Grana Padano
am Stück

1. Die Zucchini waschen, abtrocknen und die Enden abschneiden. Die Früchte zuerst in dünne Scheiben, dann in feine Streifen schneiden. Die Zucchinistreifen in einer Schüssel mit 1 TL Salz mischen und stehen lassen, bis sich Saft bildet.

2. Inzwischen das Basilikum und die Minze waschen und gut trocken schütteln. Die Blättchen abzupfen und fein hacken. Die Zitronenhälfte heiß abwaschen und abtrocknen. Die Schale fein abreiben und den Saft auspressen.

3. Den Zitronensaft mit Salz und Pfeffer verrühren. Das Öl nach und unterschlagen, bis ein cremiges Dressing entstanden ist. Die Zitronenschale einrühren. Die Pinienkerne in einer Pfanne ohne Fett unter Rühren goldgelb rösten, herausnehmen.

4. Die Salatblätter waschen, trocken schleudern und auf vier Teller auslegen. Die Zucchinistreifen abtropfen lassen und mit dem Dressing und den Kräutern mischen. Den Salat noch einmal abschmecken. Auf den Salatblättern anrichten und mit den Pinienkernen bestreuen. Den Parmesan mit dem Trüffel- oder Gurkenhobel in feinen Spänen über den Salat hobeln. Sofort servieren, dazu schmeckt noch knuspriges Weißbrot.

GEFÜLLTE ZUCCHINIBLÜTEN

Für 4 Personen
Zubereitung: ca. 45 Min.
Backen: ca. 15 Min.
Pro Portion: ca. 240 kcal

½ Bio-Zitrone
½ Bund Basilikum
200 g Fischfilet (ohne Haut, z. B. Forelle oder Zander)
1 Eiweiß
Salz
schwarzer Pfeffer
12 Zucchiniblüten (am besten mit kleinen Früchten daran)
5 EL Olivenöl
200 g Tomaten

1. Die Zitronenhälfte heiß abwaschen und abtrocknen. Die Schale fein abreiben, den Saft auspressen. Basilikum waschen, trocken schütteln, die Blättchen fein hacken und ½ EL davon beiseitelegen. Den Fisch waschen, trocken tupfen und möglichst fein hacken. Eiweiß, Zitronenschale und Basilikum unterrühren und die Masse mit Salz und Pfeffer abschmecken.

2. Den Backofen auf 220° vorheizen. Die Zucchiniblüten und die Früchte waschen. Die Blüten jeweils vorsichtig öffnen und den Stempel mit den Fingerspitzen herauslösen. Die Früchte vom unteren Ende befreien und längs in dünne Scheiben schneiden.

3. Die Fischmasse in die Blüten füllen und die Spitzen leicht zusammendrehen. Blüten und Zucchini nebeneinander in eine ofenfeste Form legen, salzen, pfeffern und mit 3 EL Olivenöl beträufeln. Im heißen Backofen (Mitte) 13–15 Min. backen, bis Zucchiniblüten und -scheiben schön gebräunt sind.

4. Inzwischen die Tomaten waschen, klein würfeln. 2 TL Zitronensaft mit Salz und Pfeffer verrühren, das restliche Öl unterschlagen. Die Tomaten und das übrige Basilikum unterheben und abschmecken. Die Tomaten auf den Zucchini verteilen.

AUS TOPF UND PFANNE!

Leuchtend orangefarbene Möhren, sattgrüne Erbsen, feuerrote Paprika, kräftig lila Auberginen: Mir wird's nie zu bunt – jedenfalls nicht in der Frühling-Sommer-Gemüseküche. Denn was so unverschämt gut aussieht, schmeckt jetzt auch unverschämt gut: im cremigen Risotto, aus dem Wok, zur Pasta al dente, knusprig frittiert ...

FALAFELN MIT TOMATEN-PFIRSICH-SALAT 🍃

Für 4 Personen
Zubereitung: ca. 1 Std. 15 Min.
Quellen: 12 Std.
Pro Portion: ca. 535 kcal

Für die Falafeln:
250 g getrocknete Kichererbsen oder
getrocknete grüne Erbsen
1 TL Natronpulver
1 Zwiebel
2 Knoblauchzehen
je ½ Bund Koriandergrün und
Petersilie
1 TL Backpulver
je 1 geh. TL gemahlener Koriander,
Kreuzkümmel, edelsüßes
Paprikapulver und Chiliflocken
Salz
¾ l Öl zum Frittieren

Für den Salat:
2 Pfirsiche
400 g Tomaten
2 Frühlingszwiebeln
4 Stängel Minze
1 EL Zitronensaft
1 TL flüssiger Honig oder Ahornsirup
Salz
4 EL Olivenöl

1. Für die Falafeln die Kichererbsen in einer Schüssel mit kaltem Wasser bedecken. Das Natron einrühren und die Kichererbsen mindestens 12 Std., am besten über Nacht, quellen lassen.

2. Am nächsten Tag die Kichererbsen in ein Sieb abgießen und kalt abspülen. Zwiebel und Knoblauch schälen und grob hacken. Das Koriandergrün und die Petersilie waschen, trocken schütteln und die Blättchen ebenfalls grob hacken. Kichererbsen, Zwiebel, Knoblauch und Kräuter im Mixer sorgfältig zerkleinern, bis eine formbare Masse entsteht. Backpulver und Gewürze einrühren, die Masse mit Salz abschmecken. Mit den Händen walnussgroße Bällchen daraus formen und diese auf ein Brett legen.

3. Für den Salat die Pfirsiche waschen oder mit kochendem Wasser überbrühen und häuten, dann halbieren, entsteinen und in Spalten schneiden. Die Tomaten waschen und ebenfalls in Spalten schneiden, dabei die Stielansätze entfernen. Frühlingszwiebeln putzen, waschen und in feine Ringe schneiden. Minze waschen und trocken schütteln, die Blättchen in Stücke zupfen.

4. Zitronensaft, Honig und Salz verrühren. Das Öl nach und nach unterschlagen, bis ein cremiges Dressing entstanden ist.

5. Das Frittieröl in einem hohen Topf erhitzen; die richtige Temperatur ist erreicht, wenn an einem hineingehaltenen Holzlöffelstiel kleine Bläschen aufsteigen. Die Falafeln portionsweise ins heiße Öl geben und in jeweils ca. 4 Min. goldbraun frittieren. Fertige Falafeln mit einem Schaumlöffel herausheben, abtropfen lassen und auf einer dicken Lage Küchenpapier entfetten.

6. Die Pfirsichspalten mit den Tomaten, der Minze und dem Dressing mischen und den Salat mit Salz abschmecken. Mit den warmen Falafeln sofort servieren.

SO SCHMECKT'S MIR
Dazu passt noch Fladenbrot und ein Joghurtdip. Dafür verrühre ich Naturjoghurt mit etwas Salz und Harissa.

MÖHREN–RISOTTO MIT BRUNNENKRESSE

Für 4 Personen
Zubereitung: ca. 30 Min.
Pro Portion: ca. 485 kcal

400 g junge zarte Möhren
2 Frühlingszwiebeln
1 Stück frischer Ingwer (ca. 1 cm)
1 kleine rote Chilischote
2 junge Knoblauchzehen
50 g Butter
350 g Risottoreis (z. B. Carnaroli)
1 Schuss trockener Weißwein
1 ¼–1 ½ l heiße Gemüsebrühe
(Instant)
1 Bund Brunnenkresse
4 EL frisch geriebener Parmesan
oder Grana Padano
Salz
schwarzer Pfeffer

1. Die Möhren schälen, von den Enden befreien und in kleine Würfel schneiden. Die Frühlingszwiebeln putzen, waschen und in feine Ringe schneiden. Ca. 1 EL vom knackigen Grün beiseitelegen. Den Ingwer schälen und fein hacken. Die Chili waschen, putzen und ohne Samen fein hacken. Den Knoblauch schälen und in dünne Scheiben schneiden.

2. Ein Drittel der Butter in einem Topf zerlassen. Die Möhren mit den Zwiebelringen, dem Ingwer, der Chili und dem Knoblauch darin unter Rühren 2–3 Min. andünsten. Den Risottoreis ungewaschen dazugeben und gut unterrühren.

3. Den Wein angießen und verdampfen lassen. 1 Schöpfkelle Brühe zum Reis geben und diesen offen bei schwacher bis mittlerer Hitze bissfest garen. Dabei immer wieder eine Kelle Brühe dazugießen, sobald der Reis nicht mehr mit Brühe bedeckt ist, und möglichst oft durchrühren, damit der Risotto sämig wird.

4. Die Brunnenkresse waschen, trocken schütteln und fein hacken. Die restliche Butter in Würfeln und mit der Brunnenkresse und dem Parmesan unter den Risotto heben. Mit Salz und Pfeffer abschmecken und auf vier vorgewärmte Teller anrichten. Dazu frisch geriebenen Parmesan zum Bestreuen reichen.

GERSTEN–RISOTTO MIT SPINAT

2 Frühlingszwiebeln putzen und waschen, 2 Knoblauchzehen schälen. Beides klein schneiden und in 1 EL Butter andünsten. 250 g Rollgerste (Gerstengraupen) dazugeben, 800 ml Gemüsebrühe (Instant) angießen und zugedeckt bei schwacher Hitze 20 Min. garen. 1 Kohlrabi schälen und in Würfel schneiden. Zur Gerste geben und alles 15 Min. weitergaren. 100 g Blattspinat verlesen, waschen und fein hacken. Den Spinat mit 100 g Sahne in die Gerste rühren und zusammenfallen lassen. 50 g frisch geriebenen Parmesan unterheben und dann den Risotto mit etwas abgeriebener Bio-Zitronenschale, Salz und Pfeffer abschmecken.

MANGOLD-BREZEN-KNÖDEL MIT PILZRAGOUT 🌿

Für 4 Personen
Zubereitung: ca. 1 Std.
Pro Portion: ca. 485 kcal

Für die Knödel:
250 g altbackene Laugenbrezen
200 ml Milch
500 g Mangold
Salz
2 Frühlingszwiebeln
100 g Schafskäse (Feta)
3 Eier (Größe M)
100 g Mehl
schwarzer Pfeffer

Für das Pilzragout:
500 g Champignons oder Egerlinge
500 g Tomaten
2 Frühlingszwiebeln
2 Knoblauchzehen
1 Bund Basilikum
2 EL Olivenöl
Salz
Chiliflocken

1. Für die Knödel die Brezen in dünne Scheiben schneiden und in eine Schüssel geben. Die Milch in einem kleinen Topf lauwarm erhitzen und darübergießen. Den Mangold waschen, die Blätter von den Stielen lösen und grob hacken, die Stiele klein würfeln.

2. In einem Topf reichlich Wasser zum Kochen bringen, salzen. Den Mangold darin bei starker Hitze 1 Min. sprudelnd kochen. Dann in ein Sieb abgießen, kalt abschrecken, abtropfen lassen und mit den Händen sehr gut ausdrücken.

3. Von den Frühlingszwiebeln die Wurzelenden und welke grüne Teile entfernen. Dann die Zwiebeln waschen und in feine Ringe schneiden. Den Schafskäse in kleine Stücke teilen. Dann Mangold, Zwiebelringe, Käse, Eier und Mehl zu den Brezen geben. Salzen, pfeffern und alles kräftig durchkneten, bis ein gebundener Teig entsteht. Aus dem Knödelteig ca. 8 gleich große Knödel formen. In einem großen Topf Wasser aufkochen.

4. Inzwischen für das Pilzragout die Champignons mit feuchtem Küchenpapier sauber abreiben und die Stielenden abschneiden. Die Pilze je nach Größe vierteln oder achteln. Die Tomaten häuten (s. S. 61) und in kleine Würfel schneiden. Die Frühlingszwiebeln putzen, waschen und in feine Ringe schneiden. Den Knoblauch schälen und in feine Scheiben schneiden. Das Basilikum waschen, trocken schütteln und die Blättchen fein hacken.

5. Das kochende Knödelwasser salzen und die Mangoldknödel vorsichtig hineingeben. Die Knödel bei schwacher bis mittlerer Hitze in ca. 15 Min. gar ziehen lassen.

6. Währenddessen das Öl in einer weiten Pfanne erhitzen und die Pilze darin bei starker Hitze unter Rühren ca. 3 Min. braten. Zwiebeln und Knoblauch kurz mitbraten. Dann die Tomaten einrühren und das Gemüse offen bei schwacher Hitze ca. 5 Min. köcheln lassen. Mit Salz und Chiliflocken abschmecken und das Basilikum einrühren. Die Knödel mit einem Schaumlöffel aus dem Wasser heben und mit dem Pilzragout servieren.

PASTA MIT BRUNNENKRESSECREME

Für 4 Personen
Zubereitung: ca. 25 Min.
Pro Portion: ca. 515 kcal

2 Bund Brunnenkresse
½ Bio-Zitrone
100 g Crème fraîche oder
saure Sahne
Salz
Cayennepfeffer
700 g Erbsen (ca. 250 g gepalt)
400 g kurze Nudeln (z. B. Casarecce
oder Rigatoni)
1 EL Butter

1. Die Brunnenkresse waschen und trocken schütteln. Dicke Stiele abknipsen und die Blätter hacken. Die Zitronenhälfte heiß abwaschen, abtrocknen, die Schale fein abreiben und mit der Brunnenkresse und der Crème fraîche im Mixer fein pürieren. Die Creme mit Salz und Cayennepfeffer abschmecken.

2. Die Erbsen auspalen (s. S. 55). In einem Topf reichlich Wasser aufkochen, salzen und die Erbsen darin in ca. 5 Min. bissfest kochen. In einem Sieb kalt abschrecken und abtropfen lassen.

3. Gleichzeitig für die Nudeln in einem zweiten Topf reichlich Wasser zum Kochen bringen und salzen. Die Nudeln darin nach Packungsangabe bissfest garen.

4. Inzwischen die Butter in einem kleinen Topf zerlassen und die Erbsen darin unter Rühren erwärmen. Die Brunnenkressecreme dazugeben und ebenfalls nur erwärmen.

5. Die Nudeln in ein Sieb abgießen und abtropfen lassen. Dann mit den Erbsen mischen und in vier vorgewärmte Pastateller servieren. Dazu schmeckt geriebener Parmesan oder Pecorino.

PASTA MIT BRATTOMATEN UND FETA 🌿

Für 4 Personen
Zubereitung: ca. 20 Min.
Pro Portion: ca. 515 kcal

400 g kurze Nudeln (z. B. Casarecce,
Penne oder Rigatoni)
Salz
400 g Cocktailtomaten
2 EL Olivenöl
2 TL Puderzucker
½ TL Chiliflocken
150 g Schafskäse (Feta)
2 Stängel Minze

Außerdem:
Olivenöl zum Beträufeln

1. In einem Topf reichlich Wasser zum Kochen bringen, salzen. Die Nudeln darin nach Packungsangabe bissfest garen.

2. Während das Nudelwasser aufkocht, die Tomaten waschen und halbieren. Das Olivenöl in einer großen oder zwei kleineren Pfannen mit Salz, Puderzucker und Chiliflocken erwärmen. Die Tomaten mit den Schnittflächen nach unten in die Pfanne(n) legen und bei mittlerer bis starker Hitze ca. 5 Min. braten, bis sie leicht gebräunt sind. Dabei die Tomaten nicht wenden.

3. Den Schafskäse in kleine Stücke krümeln. Minze waschen, trocken schütteln und die Blättchen fein schneiden. Die Nudeln in ein Sieb abgießen, gut abtropfen lassen und in einer großen, vorgewärmten Schüssel mit den gebratenen Tomaten mischen. In vier Pastateller anrichten und mit Schafskäse und Minze bestreuen. Die Pasta mit Olivenöl beträufeln und servieren.

SO SCHMECKT'S MIR AUCH

Milder wird das Gericht mit Mozzarella statt mit Schafskäse. Diesen würfeln und mit Nudeln und Tomaten in der Schüssel mischen. Kurz ruhen lassen, bis der Käse leicht schmilzt.

ASIA-NUDELN MIT SÜSSSAUREM GEMÜSE

Für 4 Personen
Zubereitung: ca. 45 Min.
Pro Portion: ca. 660 kcal

Für das Pesto:

1 Stück frischer Ingwer (ca. 2 cm)
je 4 Stängel Basilikum und
Koriandergrün
½ rote Chilischote
50 g geröstete gesalzene
Erdnusskerne
5 EL neutrales Öl
Salz

Für Nudeln und Gemüse:

250 g Asia-Eiernudeln
Salz
150 g junge Möhren
2 Stangen Staudensellerie
150 g Zuckerschoten
1 Mini-Gurke
1 rote Paprikaschote
1 Bund Frühlingszwiebeln
2 Knoblauchzehen
1 Bio-Limette oder -Zitrone
6 EL neutrales Öl
150 ml Gemüsebrühe (Instant)
4 EL Sojasauce
2 EL Honig

1. Für das Pesto den Ingwer schälen und grob hacken. Basilikum und Koriandergrün waschen und gut trocken schütteln, die Blättchen grob schneiden. Die Chilihälfte waschen und putzen. Die Erdnusskerne grob hacken. Die Erdnüsse dann mit Ingwer, Kräutern, Chili und Öl mit dem Pürierstab fein zerkleinern. Das Pesto vorsichtig mit Salz abschmecken.

2. Für die Nudeln in einem Topf Wasser zum Kochen bringen und salzen. Die Nudeln darin nach Packungsangabe garen, in einem Sieb kalt abschrecken und sehr gut abtropfen lassen.

3. Für das Gemüse die Möhren schälen und leicht schräg in ca. 5 mm dicke Scheiben schneiden. Den Sellerie waschen und die Stangen mit dem zarten Grün in dünne Scheiben schneiden. Die Zuckerschoten waschen, putzen und in 2–3 cm lange Stücke teilen. Die Gurke waschen, halbieren und die Kerne mit einem Löffel herausschaben, dann die Hälften in 1 cm dicke Scheiben schneiden. Die Paprika waschen, vierteln, Samen und Trennhäute entfernen und die Viertel in breitere Streifen schneiden.

4. Die Frühlingszwiebeln putzen, waschen, längs vierteln und quer in ca. 4 cm lange Stücke schneiden. Den Knoblauch schälen und in dünne Scheiben schneiden. Die Limette heiß abwaschen und abtrocknen. Die Schale fein abreiben, den Saft auspressen.

5. In einer großen Pfanne 3 EL Öl erhitzen. Die Nudeln darin verteilen und bei starker Hitze 1 Min. braten, dabei aber nicht umrühren. Die Nudeln wenden und nochmals 1 Min. braten, dann aus der Pfanne nehmen und zugedeckt warm halten.

6. Gemüse und Zwiebeln mit 3 EL Öl in die Pfanne geben, leicht salzen und bei mittlerer bis starker Hitze unter Rühren ca. 3 Min. braten. Den Knoblauch kurz mitbraten. Die Brühe angießen und aufkochen. Die Sojasauce mit dem Honig und ca. 4 EL Limettensaft verrühren und dazugießen. Das Gemüse mit Limettenschale und Salz abschmecken und portionsweise auf den Nudeln anrichten. Mit dem Pesto sofort servieren.

MÖHRENPUFFER MIT NUSSJOGHURT 🌿

Für 4 Personen
Zubereitung: ca. 1 Std.
Pro Portion: ca. 355 kcal

Für die Möhrenpuffer:
800 g Möhren
2 TL Koriandersamen
2 Frühlingszwiebeln
½ Bund Petersilie
50 g Mehl
1 Ei (Größe L)
Salz
½ TL Chiliflocken
4 EL Butterschmalz oder neutrales Öl

Für Nussjoghurt und Spinat:
2 EL Haselnusskerne
250 g Naturjoghurt
2 TL Haselnussöl
Salz
750 g zarter Blattspinat
2 Knoblauchzehen
½ Bio-Zitrone
2 EL Olivenöl

1. Für die Puffer die Möhren schälen und auf der Rohkostreibe fein raspeln. Koriandersamen in einer Pfanne ohne Fett unter Rühren ca. 1 Min. rösten. Herausnehmen und im Mörser mittelgrob zerreiben. Von den Frühlingszwiebeln die Wurzelenden und welke grüne Teile entfernen, dann die Zwiebeln waschen und in feine Ringe schneiden. Die Petersilie waschen und gut trocken schütteln, die Blättchen abzupfen und fein hacken.

2. Die Möhrenraspel mit Koriander, Zwiebeln, Petersilie, Mehl und Ei gut mischen. Mit Salz und den Chiliflocken abschmecken.

3. Für den Joghurt die Haselnusskerne in einer Pfanne ohne Fett rösten, bis sich die braunen Häutchen lösen. Dann die Nüsse in einem Küchentuch gegeneinanderreiben und dabei möglichst viele Häutchen entfernen. Die Nüsse fein hacken und mit dem Joghurt und dem Haselnussöl verrühren. Mit Salz abschmecken.

4. Den Spinat verlesen und dicke Stiele abknipsen. Die Blätter waschen und trocken schütteln. Den Knoblauch schälen und zuerst in feine Scheiben, dann in Stifte schneiden. Die Zitronenhälfte heiß abwaschen, abtrocknen und die Schale fein abreiben.

5. Für die Möhrenpuffer den Backofen auf 70° vorheizen und in einer großen Pfanne 1 EL Butterschmalz erhitzen. Dann die Möhrenmasse häufchenweise in die Pfanne setzen, flach drücken und bei mittlerer Hitze pro Seite 4–5 Min. braten. Die Puffer herausnehmen und im Backofen warm halten. So fortfahren, bis die gesamte Möhrenmasse aufgebraucht ist.

6. Inzwischen für den Spinat in einem Topf Wasser zum Kochen bringen und salzen. Den Spinat darin 1 Min. sprudelnd kochen lassen, bis er zusammenfällt. In einem Sieb kalt abschrecken und gut abtropfen lassen. Das Olivenöl im Topf erhitzen und den Knoblauch darin bei mittlerer Hitze kurz andünsten. Den Spinat einrühren und erhitzen, mit Zitronenschale und Salz abschmecken. Die Puffer mit dem Nussjoghurt und dem Spinat servieren.

RICOTTA-PFLÄNZCHEN MIT TOMATENSALAT 🌿

Für 4 Personen
Zubereitung: ca. 40 Min.
Quellen: ca. 1 Std.
Pro Portion: ca. 555 kcal

Für die Pflänzchen:
500 g Ricotta
100 g Polenta (Maisgrieß)
2 Eier (Größe M)
1 Maiskolben
Salz
2 Stängel Minze oder Petersilie
1 grüne Chilischote
1 Stück Bio-Zitronenschale (ca. 2 cm)
2 EL Butterschmalz

Für den Tomatensalat:
½ Bund Koriandergrün
2 Frühlingszwiebeln
800 g Tomaten
1 ½ EL Zitronensaft
Salz
1 Prise Zucker
4 EL Olivenöl

1. Für die Pflänzchen den Ricotta mit der Polenta und den Eiern verrühren und ca. 1 Std. quellen lassen.

2. Inzwischen den Maiskolben aus den Hüllblättern lösen und die Fäden abziehen (s. S. 77). In einem Topf Wasser zum Kochen bringen und salzen. Den Maiskolben darin ca. 5 Min. sprudelnd kochen lassen. Herausnehmen, kalt abschrecken und lauwarm abkühlen lassen. Dann die Körner mit einem scharfen Messer vom Kolben abschneiden.

3. Die Minze waschen und gut trocken schütteln, die Blättchen abzupfen. Die Chilischote waschen, putzen und die Samen entfernen. Minze und Chili mit der Zitronenschale sehr fein hacken. Diese Mischung mit den Maiskörnern unter die Ricottamasse rühren und die Ricottamasse mit Salz abschmecken.

4. Das Butterschmalz in zwei Pfannen erhitzen. Mit einem Esslöffel von der Ricottamasse 8 Häufchen abstechen, diese in die Pfannen setzen und leicht flach drücken. Die Ricotta-Pflänzchen bei mittlerer Hitze pro Seite ca. 5 Min. braten.

5. Inzwischen für den Tomatensalat den Koriander waschen und gut trocken schütteln, die Blättchen abzupfen und fein schneiden. Von den Frühlingszwiebeln die Wurzelenden und welke grüne Teile entfernen, dann die Zwiebeln waschen und in feine Ringe schneiden. Die Tomaten waschen und würfeln, dabei die Stielansätze entfernen.

6. Den Zitronensaft mit Salz und Zucker verrühren. Das Öl nach und nach unterschlagen, bis ein cremiges Dressing entsteht. Tomaten, Koriandergrün und Zwiebelringe unterheben und den Salat abschmecken. Zu den Ricotta-Pflänzchen servieren.

Darf ich vorstellen:

DIE ARTISCHOCKE

Sind Sie auch schon davor gestanden und haben die hübschen, prallen Grünköpfe bewundert? Und sind dann doch weitergegangen, weil Sie nichts damit anzufangen wussten? Seit ich die Artischocke besser kenne, passiert mir das definitiv nicht mehr ...

Das Gemüse mit dem fein-herben Geschmack gibt es im Sommer und im Winter, doch die beiden Sorten unterscheiden sich recht deutlich. Im Sommer liegen die Artischocken dick und prall beim Gemüsehändler. Sie kommen vor allem aus Frankreich zu uns, und von den Franzosen haben wir auch gelernt, wie man sie isst: Putzen, kochen, Blatt für Blatt abzupfen und das fleischige Ende in eine Sauce dippen – in eine schlichte Vinaigrette oder auch in eine Knoblauchmayonnaise (Aïoli). Man zupft so lange, bis man zum Heu gelangt und darunter das Beste der Artischocke findet, den fleischigen Boden. Den genießt man dann Stück für Stück mit der restlichen Sauce. Die Wintersorten dagegen sind kleiner und schlanker. Sie werden sehr jung geerntet und meist im Ganzen gegessen. Aber das ist ein Thema für den Winter.

TIPP

Leider, leider Tatsache: Artischocken und Wein haben ein eher schwieriges Verhältnis zueinander. Am ehesten passt noch ein trockener Weißwein wie Grüner Veltliner oder Sauvignon Blanc zu den Knospen. Besonders schlecht vertragen sich die Bitterstoffe der Artischocke mit dem Tannin in Rotwein.

Was wir uns da schmecken lassen, ist der noch geschlossene Blütenkopf einer distelartigen Pflanze. Wer die Blüte schon einmal geöffnet gesehen hat, weiß sofort, dass sie zur Familie der Korbblütler gehört. Aber nicht nur der Geschmack hat die Artischocke berühmt gemacht. Als Heilpflanze soll sie den Stoffwechsel von Galle und Leber ankurbeln und appetitanregend, verdauungsfördernd und sogar cholesterinsenkend wirken.

Doch zurück in die Küche: Achten Sie beim Einkauf darauf, dass die Knospe schön prall aussieht und frische Blätter ohne braune Ränder hat. Man kocht entweder die ganze Artischocke und genießt sie mit einer Sauce – oder man putzt sie und legt den Artischockenboden frei (siehe dazu Seite 69). Der schmeckt gekocht ebenfalls mit Sauce, lässt sich aber auch backen oder braten.

ARTISCHOCKEN MIT KRÄUTERDIP

Für 4 Personen
Zubereitung: ca. 50 Min.
Pro Portion: ca. 190 kcal

4 fleischige Artischocken
2 EL Zitronensaft
Salz
1 Bund gemischte Kräuter (z. B. für
Grüne Sauce oder selbst
zusammengestellt: Borretsch,
Petersilie, Kerbel, Pimpinelle,
Estragon, Rucola und Schnittlauch)
400 g Tomaten
150 g Crème fraîche
schwarzer Pfeffer

1. Die Artischocken waschen und die Stiele dicht an der Knospe abschneiden. Rundum so viele Blätter ablösen, bis ihr unteres Ende sichtbar fleischiger wird. Dann das obere Ende der Artischocken mit dem Messer 2 cm breit abschneiden, die Spitzen der übrigen Blätter mit der Küchenschere abschneiden.

2. In einem großen Topf reichlich Wasser mit dem Zitronensaft aufkochen und kräftig salzen. Die Artischocken hineinlegen und 20–30 Min. sprudelnd kochen. Die Artischocken sind gar, wenn sich die Blätter leicht herausziehen lassen.

3. Inzwischen für den Dip die Kräuter waschen, gut trocken schütteln und die Blättchen fein hacken. Die Tomaten waschen und würfeln, dabei die Stielansätze entfernen. Die Würfel mit der Crème fraîche pürieren. Die Kräuter unterheben, den Dip mit Salz und Pfeffer abschmecken und in vier Schälchen füllen.

4. Die Artischocken gründlich abtropfen lassen und auf vier Teller setzen. Beim Essen Blatt für Blatt abzupfen und mit dem fleischigen Ende in den Dip tauchen. Zuletzt das Heu entfernen und den Artischockenboden mit dem Dip genießen. Dazu schmeckt noch knuspriges Weißbrot, z. B. Baguette.

ARTISCHOCKEN MIT BASILIKUMSAUCE 🌿

Für 4 Personen
Zubereitung: ca. 40 Min.
Pro Portion: ca. 210 kcal

Für die Artischocken:
1 Bio-Zitrone
4 fleischige Artischocken | Salz

Für die Basilikumsauce:
1 großes Bund Basilikum
2 Frühlingszwiebeln
2 EL Olivenöl
2 EL weißer Wermut (z. B. Noilly Prat,
nach Belieben)
50 ml trockener Weißwein oder
Gemüsebrühe (Instant)
150 g Sahne
2 TL Zitronensaft
Salz | schwarzer Pfeffer

1. Für die Artischocken die Zitrone heiß abwaschen und gut abtrocknen. Eine Hälfte auspressen, die zweite Hälfte in Scheiben schneiden. Den Zitronensaft in einer Schüssel mit kaltem Wasser mischen. Artischocken von Blättern und Heu befreien (s. S. 69) und ins Zitronenwasser legen. In einem Topf Wasser aufkochen, salzen und die Zitronenscheiben zugeben. Die Artischockenböden darin bei mittlerer Hitze in 12–15 Min. bissfest garen.

2. Inzwischen für die Sauce das Basilikum waschen, trocken schütteln und die Blättchen sehr fein hacken. Dann die Frühlingszwiebeln putzen, waschen und auch sehr fein schneiden.

3. Das Öl in einem Topf erhitzen und die Zwiebeln darin bei mittlerer Hitze 2–3 Min. unter Rühren dünsten. Nach Belieben mit Wermut und Wein ablöschen, die Sahne dazugießen und die Sauce offen bei mittlerer bis starker Hitze cremig einkochen. Das Basilikum unterheben, die Sauce vom Herd nehmen und mit dem Zitronensaft, Salz und Pfeffer abschmecken.

4. Die Artischockenböden gut abtropfen lassen und auf vier Teller anrichten. Mit der Basilikumsauce garnieren und sofort servieren. Dazu passt knuspriges Weißbrot.

KOHLRABISCHNITZEL MIT FRISCHKÄSEFÜLLUNG 🌿

Für 4 Personen
Zubereitung: ca. 35 Min.
Pro Portion: ca. 385 kcal

2 Kohlrabi (ca. 800 g)
Salz
1 Stück Bio-Zitronenschale (ca. 2 cm)
1 Stängel Minze
100 g (Ziegen-)Frischkäse
schwarzer Pfeffer
50 g Mehl
2 Eier (Größe M)
125 g Semmelbrösel
4 EL Butterschmalz oder neutrales Öl

Außerdem:
Zitronenspalten zum Servieren

1. Die Kohlrabi schälen, holzige Stellen entfernen und die Knollen in ca. 5 mm dicke Scheiben schneiden. Zarte Kohlrabiblättchen waschen und fein hacken. In einem großen Topf reichlich Wasser zum Kochen bringen und salzen. Die Kohlrabischeiben darin ca. 2 Min. kochen. Danach in ein Sieb abgießen, mit kaltem Wasser abschrecken, abtropfen und abkühlen lassen.

2. Inzwischen die Zitronenschale fein schneiden. Die Minze waschen und trocken schütteln, die Blättchen abzupfen und fein hacken. Beides mit den Kohlrabiblättchen unter den Frischkäse rühren und diesen mit Salz und Pfeffer abschmecken.

3. Die Kohlrabischeiben mit Küchenpapier trocken tupfen. Das Mehl in einen tiefen Teller geben und die Eier in einem zweiten Teller verquirlen. Semmelbrösel in einen weiteren Teller streuen. Die Hälfte der Kohlrabischeiben mit dem Frischkäse bestreichen, die übrigen Scheiben darauflegen und leicht andrücken.

4. Das Butterschmalz in zwei Pfannen erhitzen. Die Kohlrabischnitzel nacheinander zuerst im Mehl wenden, dann durch die Eier ziehen und zuletzt in den Semmelbröseln wenden.

5. Die Kohlrabischnitzel im heißen Butterschmalz bei mittlerer Hitze pro Seite in ca. 4 Min. goldbraun braten. Herausheben und mit den Zitronenspalten auf vier vorgewärmte Teller servieren. Die Schnitzel beim Essen nach Belieben mit etwas Zitronensaft beträufeln. Dazu schmecken Bratkartoffeln oder Kartoffelsalat und ein frischer grüner Salat.

KOHLRABISCHNITZEL MIT SCHINKEN

Die Kohlrabi schälen, in Scheiben schneiden und wie beschrieben garen. Die Hälfte der Scheiben statt mit Frischkäse mit je 1–2 Scheiben geräuchertem rohen Schinken, 2–3 Salbeiblättchen und 1 in feine Streifen geschnittenen getrockneten Tomate (in Öl) belegen. Die belegten mit den restlichen Kohlrabischeiben zusammensetzen, panieren und braten.

SPARGELNUDELN MIT KALBSSCHNITZEL

Für 4 Personen
Zubereitung: ca. 40 Min.
Pro Portion: ca. 285 kcal

1 kg weißer Spargel
1 Handvoll Kerbel
8 dünne Kalbsschnitzel (je ca. 60 g)
3 EL Butter
Salz
schwarzer Pfeffer
100 g Sahne
2 TL Zitronensaft

1. Den Spargel waschen, holzige Enden abschneiden und die Stangen schälen (s. S. 21). Die Stangen dann mit dem Spargelschäler der Länge nach in dünne Streifen schälen, dabei das jeweils letzte Spargelstück mit dem Messer sehr dünn schneiden. Den Kerbel waschen und trocken schütteln, die Blättchen fein schneiden. Schnitzel mit dem Handballen etwas flacher drücken.

2. In einer großen Pfanne 2 EL Butter erhitzen. Die Spargelstreifen hineingeben, salzen und pfeffern und bei mittlerer bis starker Hitze unter Rühren in ca. 5 Min. bissfest braten. Sahne angießen und einmal kräftig aufkochen. Den Spargel mit dem Zitronensaft, Salz und Pfeffer abschmecken.

3. Eine zweite große Pfanne ohne Fett heiß werden lassen. Die Kalbsschnitzel salzen, hineinlegen und mit dem Pfannenwender andrücken. Dann sofort wenden und von der zweiten Seite ebenfalls ganz kurz braten. Herausnehmen und auf vier vorgewärmte Teller legen. Die restliche Butter in der Pfanne zerlassen und über die Kalbsschnitzel träufeln.

4. Den Kerbel unter den Spargel heben und das Gemüse neben den Schnitzeln anrichten. Sofort servieren.

GEMÜSE-KOKOS-CURRY

Für 4 Personen
Zubereitung: ca. 35 Min.
Pro Portion: ca. 275 kcal

je 300 g Spitzkohl, Mangold und
Brokkoli
2 Frühlingszwiebeln
1 Stück frischer Ingwer (ca. 4 cm)
4 Stängel Basilikum oder
Koriandergrün
1 Bio-Limette
2 EL neutrales Öl
Salz
ca. 1 TL rote oder grüne Currypaste
400 g Kokosmilch (Packung
oder Dose)

1. Die Gemüse waschen. Beim Spitzkohl die dicke Mittelrippe etwas flacher schneiden. Den Kohl und den Mangold dann in 1 cm breite Streifen schneiden. Den Brokkoli in Röschen teilen, den Stiel schälen und in ca. 5 mm dicke Scheiben schneiden.

2. Die Frühlingszwiebeln putzen, waschen und in breite Ringe schneiden. Den Ingwer schälen und zuerst in dünne Scheiben, dann in ganz feine Streifen schneiden. Das Basilikum waschen und trocken schütteln, die Blättchen abzupfen und fein hacken. Die Limette heiß abwaschen und abtrocknen, die Schale fein abreiben und den Saft auspressen.

3. Das Öl in einem Wok oder in einer großen Pfanne erhitzen. Die Gemüse hineingeben, salzen und unter Rühren bei starker bis mittlerer Hitze in 3–4 Min. bissfest braten. Die Frühlingszwiebeln und den Ingwer dazugeben und kurz mitbraten. Die Currypaste gut unterrühren. Die Kokosmilch angießen und alles einmal kräftig aufkochen.

4. Das Curry mit der Limettenschale, 2–3 EL Limettensaft und Salz abschmecken. Mit dem Basilikum bestreuen und servieren. Dazu schmecken Duftreis und ein Gurkensalat

HACKBÄLLCHEN MIT BUNTEM SALAT

Für 4 Personen
Zubereitung: ca. 40 Min.
Pro Portion: ca. 505 kcal

2 Scheiben Toastbrot
2 Frühlingszwiebeln
¼ Bund Bohnenkraut
1 Stück Bio-Zitronenschale (ca. 2 cm)
500 g gemischtes Hackfleisch oder
Rinderhack
1 Ei (Größe M)
Salz
schwarzer Pfeffer
300 g Tomaten
½ Salatgurke
1 Handvoll Rucola
1 EL Zitronensaft
½ TL Honig
5 EL Olivenöl

1. Für die Hackbällchen das Brot in einer Schüssel mit lauwarmem Wasser bedecken und weich werden lassen. Die Frühlingszwiebeln putzen und waschen. Das Bohnenkraut waschen und trocken schütteln, die Blättchen abzupfen. Diese mit den Frühlingszwiebeln und der Zitronenschale sehr fein hacken.

2. Das Brot ausdrücken und fein zerpflücken. Mit Hackfleisch, Bohnenkrautmischung, Ei, Salz und Pfeffer kräftig verkneten. Aus der Fleischmasse walnussgroße Bällchen formen.

3. Für den Salat die Tomaten und die Gurkenhälfte waschen und klein würfeln, dabei die Stielansätze der Tomaten herausschneiden. Den Rucola verlesen, sorgfältig waschen, trocken schütteln und grob hacken. Den Zitronensaft mit Salz, Pfeffer und Honig verrühren. Dann nach und nach 2 EL Olivenöl unterschlagen, bis ein cremiges Dressing entstanden ist.

4. Für die Hackbällchen in einer großen Pfanne 3 EL Olivenöl erhitzen. Die Bällchen darin bei mittlerer Hitze 5–8 Min. braten, bis sie gar und rundum gebräunt sind. Die Pfanne dabei mehrmals rütteln. Tomaten, Gurke und Rucola mit dem Dressing mischen. Den Salat abschmecken und zu den Bällchen servieren. Dazu passt knuspriges Baguette.

ORIENTALISCHE LAMMPFLÄNZCHEN

Je ½ Bund Koriandergrün und Petersilie waschen, die Blättchen fein hacken. 2 Frühlingszwiebeln putzen, waschen, den weißen Teil fein hacken, das Grün beiseitelegen. 1 Knoblauchzehe schälen und zu 600 g Lammhackfleisch pressen. Kräuter, Zwiebeln und je 1 TL gemahlenen Koriander, Kreuzkümmel und rosenscharfes Paprikapulver zugeben. Kräftig salzen, pfeffern und verkneten. Aus der Masse vier Pflänzchen formen und in 2 EL Olivenöl bei mittlerer Hitze pro Seite ca. 5 Min. braten. Inzwischen das Zwiebelgrün in Ringe schneiden. 50 g Feta mit einer Gabel zerdrücken, mit 150 g Naturjoghurt und dem Zwiebelgrün verrühren. Salzen und zu den Pflänzchen servieren.

KALBSGESCHNETZELTES MIT GURKE UND DILL

Für 4 Personen
Zubereitung: ca. 35 Min.
Pro Portion: ca. 345 kcal

600 g Kalbslende oder -filet
1 kleine Gurke oder ½ Salatgurke
(ca. 250 g)
250 g Tomaten
2 Frühlingszwiebeln
1 Bund Dill
1 EL Butter
1 EL neutrales Öl
150 g Crème fraîche
Salz
schwarzer Pfeffer

1. Von der Kalbslende alle größeren Fettstücke und evtl. vorhandene dicke Sehnen entfernen. Das Fleisch erst quer zur Faser in dünne Scheiben teilen, diese dann in Streifen schneiden.

2. Die Gurke schälen und der Länge nach halbieren. Die Kerne mit einem Teelöffel herausschaben und die Gurkenhälften in dünne Scheiben schneiden. Die Tomaten häuten (s. S. 61) und in kleine Würfel schneiden, dabei die Stielansätze entfernen.

3. Von den Frühlingszwiebeln die Wurzelenden und welken grünen Teile entfernen. Dann die Frühlingszwiebeln waschen und in feine Ringe schneiden. Den Dill waschen und sorgfältig trocken tupfen, die Spitzen abzupfen.

4. Die Butter und das Öl in einer Pfanne erhitzen. Die Fleischstreifen darin in drei Portionen bei starker Hitze unter Rühren jeweils nur so lange braten, bis sie nicht mehr rötlich schimmern. Mit Salz und Pfeffer würzen, herausnehmen und in einem Sieb über einer Schüssel beiseitestellen.

5. Anschließend die Zwiebelringe und die Gurkenscheiben in die Pfanne geben und unter Rühren ca. 2 Min. garen. Die Tomatenwürfel einstreuen und 1–2 Min. mitgaren. Dann die Crème fraîche unterrühren und die Sauce aufkochen lassen

6. Das Fleisch mit dem ausgetretenen Saft in die Sauce rühren und darin wieder erwärmen. Die Sauce mit Salz und Pfeffer abschmecken. Zuletzt den Dill unterheben und das Geschnetzelte sofort servieren. Dazu passen Kartoffelpüree oder Reis.

HÄHNCHENSCHNITZEL MIT ASIA-BOHNENSALAT

Für 4 Personen
Zubereitung: ca. 45 Min.
Pro Portion: ca. 395 kcal

Für die Schnitzel:
600 g Hähnchenbrustfilet
1 EL Sojasauce
1 EL Limetten- oder Zitronensaft
1 TL flüssiger Honig
2 TL Sesamöl
2 EL neutrales Öl
Salz

Für den Salat:
500 g grüne Bohnen
Salz
1 Bund Frühlingszwiebeln
1 Stück frischer Ingwer (ca. 1 cm)
4 Stängel Koriandergrün
2 – 3 EL Limetten- oder Zitronensaft
1 TL Sambal oelek oder Harissa
1 TL flüssiger Honig
4 EL neutrales Öl

1. Das Hähnchenbrustfilet kalt abspülen und trocken tupfen, dann schräg in knapp 1 cm dicke Scheiben schneiden und diese auf einen Teller legen. Die Sojasauce mit dem Limettensaft, dem Honig und dem Sesamöl verrühren. Die Marinade über das Fleisch träufeln und ca. 30 Min. ziehen lassen.

2. Inzwischen für den Salat die Bohnen waschen und die Enden abschneiden. Falls sich dabei Fäden lösen, diese abziehen. Die Bohnen in 3–4 cm lange Stücke schneiden. In einem Topf reichlich Wasser zum Kochen bringen, salzen und die Bohnen darin in ca. 8 Min. bissfest kochen. In ein Sieb abgießen, kalt abschrecken und gut abtropfen lassen.

3. Von den Frühlingszwiebeln Wurzelenden und welke grüne Teile entfernen. Die Frühlingszwiebeln waschen und zuerst in 3 cm lange Stücke teilen. Die Stücke dann der Länge nach in feine Streifen schneiden. Den Ingwer schälen und fein hacken. Das Koriandergrün waschen und gut trocken schütteln, die Blättchen abzupfen und fein hacken.

4. Den Limettensaft mit Sambal, Honig und Salz gut verrühren. Das Öl nach und nach unterschlagen, bis ein cremiges Dressing entstanden ist. Die Bohnen, die Zwiebelstreifen, den Ingwer und das Koriandergrün untermischen und den Salat abschmecken.

5. Das Öl in einer großen Pfanne erhitzen. Die Fleischscheiben darin bei starker Hitze unter Rühren 2–3 Min. braten, bis sie leicht gebräunt sind. Die Schnitzel leicht salzen und mit dem Bohnensalat auf vier vorgewärmte Teller servieren.

Kohlrabigröstl mit Speck und Kümmel

Für 4 Personen
Zubereitung: ca. 30 Min.
Pro Portion: ca. 280 kcal

2 – 3 Kohlrabi (ca. 900 g)
Salz
2 große frische rote oder weiße
Zwiebeln
100 g durchwachsener Räucherspeck
1 EL Öl
2 TL Kümmelsamen
schwarzer Pfeffer
100 g Schafskäse (Feta)
1 TL edelsüßes Paprikapulver

1. Von den Kohlrabi die zarten Blätter ablösen, waschen und beiseitelegen. Die Knollen schälen, holzige Stellen entfernen und vierteln. Die Viertel in knapp 1 cm dicke Scheiben schneiden. In einem Topf 125 ml Wasser zum Kochen bringen und salzen. Die Kohlrabischeiben hineinlegen und zugedeckt bei starker Hitze 2–3 Min. garen (je nachdem, wie zart sie sind). Die Scheiben herausnehmen und in einem Sieb gut abtropfen lassen.

2. Die Zwiebeln schälen und in Ringe schneiden. Den Speck von Schwarte und allen Knorpeln befreien und klein würfeln.

3. Die Speckwürfel mit dem Öl in eine Pfanne geben und bei mittlerer Hitze unter Rühren zuerst glasig, dann leicht braun braten. Die Zwiebeln dazugeben und alles noch ca. 5 Min. weiterbraten, bis sie weich sind. Die abgetropften Kohlrabischeiben mit dem Kümmel unterheben und ca. 5 Min. mitbraten, bis die Kohlrabischeiben bissfest und leicht gebräunt sind.

4. Den Kohlrabi mit Salz und Pfeffer abschmecken. Den Schafskäse zerkrümeln und darüberstreuen. Das Gröstl mit Paprikapulver bestreuen und in der Pfanne servieren.

So schmeckt's mir

Hier darf der Kohlrabi mal die Hauptrolle spielen! Deshalb serviere ich zum Gröstl nur Brot und vielleicht noch einen kleinen Blattsalat. Und wenn ich mal vegetarisch essen möchte, lasse ich den Speck weg und brate stattdessen 150 g in Streifen geschnittenen jungen Sommerkohl mit den Kohlrabischeiben.

AUBERGINEN-PICCATA MIT TOMATENGEMÜSE

Für 4 Personen
Zubereitung: ca. 35 Min.
Pro Portion: ca. 665 kcal

Für die Piccata:
2 Auberginen (ca. 650 g)
Salz
schwarzer Pfeffer
4 EL Mehl
4 Eier (Größe L)
100 g frisch geriebener Parmesan
150 ml Olivenöl
Zitronenspalten zum Servieren

Für das Gemüse:
600 g Tomaten
4 Stangen Staudensellerie
1 rote Zwiebel
2 Knoblauchzehen
1 EL Kapern (am besten in Salz)
2 EL Olivenöl
Salz
schwarzer Pfeffer
1 Prise Zucker
½ Bund Basilikum

1. Für die Piccata die Auberginen waschen und die Enden abschneiden. Die Früchte der Länge nach in ca. 1 cm dicke Scheiben schneiden und von beiden Seiten leicht salzen und pfeffern.

2. Für das Gemüse die Tomaten häuten (s. S. 61) und in sehr kleine Würfel schneiden. Den Sellerie waschen und die Enden abschneiden. Fäden, die sich dabei lösen, abziehen. Die Stangen dann in dünne Scheiben schneiden. Die Zwiebel und den Knoblauch schälen und sehr fein hacken. Die Kapern in einem Sieb kalt abspülen und abtropfen lassen.

3. Das Olivenöl in einem Topf erhitzen und die Zwiebel, den Knoblauch und den Sellerie darin 2–3 Min. andünsten. Tomaten und Kapern dazugeben und das Gemüse mit Salz, Pfeffer und Zucker abschmecken. Dann offen bei mittlerer Hitze 10–15 Min. garen, bis die Tomaten leicht dickflüssig sind.

4. Inzwischen für die Piccata den Backofen auf 70° vorheizen. Das Mehl in einen tiefen Teller streuen. Die Eier in einem zweiten tiefen Teller verquirlen und den Parmesan unterrühren. Die Auberginen im Mehl wenden, überschüssiges Mehl abschütteln.

5. Das Olivenöl in einer Pfanne erhitzen. Die Auberginen nacheinander durch die Eiermasse ziehen und dann im heißen Öl bei mittlerer Hitze pro Seite in ca. 4 Min. knusprig braten. Mit dem Schaumlöffel herausheben, abtropfen lassen, auf eine Platte legen und im heißen Backofen warm halten.

6. Das Basilikum waschen, trocken schütteln und die Blättchen abzupfen. Die Blättchen fein hacken und unter das Tomatengemüse heben. Gemüse und Zitronenspalten zu den Auberginen servieren. Dazu schmeckt knuspriges Weißbrot.

HABEN SIE'S GEWUSST?
Schwimmend in heißem Öl gebacken wird die Eihülle der Auberginen schön knusprig. Ist das Öl richtig heiß, nimmt der Backteig kaum etwas davon auf, da sich sofort eine Kruste bildet.

WOKGEMÜSE MIT TOFU

Für 4 Personen
Zubereitung: ca. 25 Min.
Pro Portion: ca. 270 kcal

1 Bio-Zitrone
8 Stängel Minze
1 Stück frischer Ingwer
(ca. 3 cm lang)
1 rote Chilischote
4 EL neutrales Öl
Salz
400 g breite grüne Bohnen
2 rote Paprikaschoten
2 Frühlingszwiebeln
400 g Tofu
150 ml Gemüsebrühe (Instant)

1. Die Zitrone heiß abwaschen und abtrocknen, die Schale fein abreiben. Minze waschen, trocken schütteln und die Blättchen abzupfen. Den Ingwer schälen und grob schneiden. Chilischote waschen, die Samen entfernen. Minze, Ingwer und Chili sehr fein hacken. Mit der Zitronenschale, 1 EL Öl und Salz verrühren.

2. Die Bohnen waschen und die Enden abschneiden, die Bohnen schräg in knapp 1 cm breite Stücke schneiden. In einem Topf reichlich Wasser aufkochen, salzen und die Bohnen darin 2 Min. sprudelnd kochen lassen. In ein Sieb abgießen, kalt abschrecken und abtropfen lassen. Die Paprikaschoten waschen, vierteln und Samen und Trennwände entfernen. Die Paprikaviertel in Streifen schneiden. Die Frühlingszwiebeln putzen, waschen und in Ringe schneiden. Den Tofu abtropfen lassen und 1 cm groß würfeln.

3. Den Wok erhitzen und das restliche Öl hineingeben. Den Tofu einrühren, salzen und in ca. 4 Min. knusprig braten. Dabei nicht zu oft wenden. Das Gemüse und die Zwiebeln zugeben und unter Rühren in ca. 3 Min. bissfest braten. Die Kräuterpaste kurz mitbraten, die Brühe angießen und mit Salz abschmecken. Das Gemüse sofort servieren. Dazu passt Reis oder Asia-Nudeln.

SPARGEL AUS DEM WOK

Für 4 Personen
Zubereitung: ca. 30 Min.
Marinieren: 1 Std.
Pro Portion: ca. 350 kcal

500 g Hähnchenbrustfilet
1 Stück frischer Ingwer (ca. 1 cm)
2 Stängel Minze
2 EL Limettensaft
1 TL Honig
4 EL neutrales Öl
½ TL Chiliflocken
500 g grüner Spargel
1 Bund Frühlingszwiebeln
1 TL Speisestärke
150 ml Gemüsebrühe (Instant)
50 g Cashewnusskerne
Salz

1. Das Filet in ca. 5 mm dicke Scheiben schneiden. Den Ingwer schälen und fein hacken. Die Minze waschen, trocken schütteln und die Blättchen fein hacken. Ingwer und Minze mit Limettensaft, Honig, 1 EL Öl und Chiliflocken gut verrühren. Das Fleisch unterheben und ca. 1 Std. durchziehen lassen.

2. Den Spargel waschen und putzen (s. S. 21). Die Stangen in 2 cm lange Stücke schneiden. Frühlingszwiebeln putzen, waschen und in 4–5 cm lange Stücke teilen. Diese längs in Streifen schneiden. Die Speisestärke mit der Brühe verrühren.

3. Den Wok erhitzen und 2 EL Öl hineingeben. Cashewkerne darin unter Rühren in ca. 1 Min. goldgelb braten. Dann mit dem Schaumlöffel herausheben und abtropfen lassen, salzen. Den Spargel im Öl unter Rühren bei starker Hitze ca. 3 Min. braten. Die Zwiebelstreifen dazugeben und alles 1 Min. weiterbraten. Das Gemüse salzen und aus dem Wok nehmen.

4. Das restliche Öl in den Wok geben. Das Fleisch salzen und darin ca. 2 Min. braten, bis es gleichmäßig hell ist. Das Gemüse wieder einrühren, die Brühe angießen und kräftig aufkochen lassen. Mit Salz abschmecken und mit den Cashews bestreuen.

SPARGEL

Gekocht und mit Sauce hollandaise serviert oder mit Schinken, Kartoffeln und flüssiger Butter angerichtet – so hat uns der König der Gemüse schon oft geschmeckt. Aber Spargel kann mehr: Er hat roh ein ganz feines Aroma und auch in der Folie verliert er nichts davon!

EINFACHER HÖRTEST: So richtig schön quietschen sollen die Stangen, wenn man sie aneinanderreibt. Nur dann sind sie wirklich frisch!

Frühjahrskur: 93 % Wasser, 4 % Kohlenhydrate, 2 % Eiweiß, 0,2 % Fett – und mit rund 150 kcal pro kg sicher KEIN DICKMACHER!

Wer außer den kulinarischen noch mehr gesundheitliche Argumente braucht, um die kurze Spargelsaison weidlich auszunutzen: Schon 500 g reichen, um den Tagesbedarf an **VITAMIN C** zu decken – und gleich noch den halben Tagesbedarf an Vitamin E und B1 und an Eisen mit dazu.

Auch eine Extraportion **Kalium** steckt drin im Spargel. Dieser Mineralstoff schwemmt Wasser aus dem Körper und putzt ihn dabei leicht durch. Ganz nebenbei mindert Kalium auch noch den Druck auf das Herz.

ORTSGEBUNDEN: Spargel liebt sandige und lockere Böden, wie es sie zum Beispiel in Baden, im Elsass und in der Hallertau reichlich gibt.

Aha, aha: Grüner und weißer Spargel kommen von **EINER PFLANZE.** Weißer wächst abgedeckt unter der Erde, grüner Spargel durchbricht sie und bildet Blattgrün.

»Kirschen rot, Spargel tot«, weiß der Volksmund. Spargelbauern beenden die Saison **an Johanni (24. Juni).** Dann muss die Pflanze ausruhen, damit sie im nächsten Jahr wieder reichen Ertrag bringen kann.

SPARGEL AUS DER FOLIE

Für 4 Personen
Zubereitung: ca. 1 Std. 15 Min.
Backen: ca. 40 Min.
Pro Portion: ca. 215 kcal

1,5 kg weißer Spargel
¼ Bio-Zitrone
80 g weiche Butter
je 1 kräftige Prise edelsüßes
Paprikapulver, gemahlener
Koriander und Muskatnuss
Salz
schwarzer Pfeffer

Außerdem:
2 große Bögen Alufolie

1. Den Spargel waschen und die holzigen Enden abschneiden. Die Stangen dann sorgfältig schälen (s. S. 21).

2. Das Zitronenviertel heiß abwaschen, abtrocknen und die Schale fein abreiben. Die Butter mit der Zitronenschale, den Gewürzen, Salz und Pfeffer mit einer Gabel gut verkneten.

3. Den Backofen auf 200° vorheizen und die Alufolie mit der glänzenden Seite nach oben auf die Arbeitsfläche legen. Jeweils die Hälfte der Spargelstangen nebeneinander auf die Folie legen und leicht mit Salz und Pfeffer würzen. Die Butter in kleine Stücke teilen und auf die Spargelstangen setzen.

4. Die Folie über den Spargelstangen zusammenfalten und die Enden gut verschließen. Die Päckchen auf ein Backblech legen und im heißen Ofen (Mitte) ca. 40 Min. backen.

5. Die Päckchen herausnehmen, öffnen und den Spargel mit der Flüssigkeit, die sich in der Folie gebildet hat, auf vier vorgewärmte Teller anrichten. Den Spargel sofort servieren. Dazu schmecken Pell- oder Bratkartoffeln und ein frischer Kopfsalat.

ROH MARINIERTER SPARGEL

Für 4 Personen
Zubereitung: ca. 40 Min.
Pro Portion: ca. 115 kcal

500 g weißer Spargel
Salz
2 TL Zitronensaft
1 Msp. flüssiger Honig
schwarzer Pfeffer
3 EL Olivenöl
2 EL Pinienkerne
80 g gemischte (Wild-)Kräuter (z. B. Löwenzahn, Bärlauch, Selleriegrün oder Rucola)

1. Den Spargel waschen, die holzigen Enden abschneiden und die Stangen schälen (s. S. 21). Den Spargel dann mit dem Sparschäler der Länge nach in dünne Streifen schälen, das jeweils letzte Stück mit dem Messer dünn schneiden.

2. Die Spargelstreifen in einer Schüssel mit 1 TL Salz mischen. Kräftig verkneten und die Streifen ca. 15 Min. ruhen lassen.

3. Inzwischen den Zitronensaft mit dem Honig, Salz und Pfeffer gründlich verrühren. Nach und nach das Olivenöl mit einer Gabel unterschlagen, bis ein cremiges Dressing entstanden ist.

4. Die Pinienkerne in einer Pfanne ohne Fett unter Rühren goldgelb rösten. Auf einem Teller beiseitestellen. Die Kräuter verlesen, waschen, trocken schütteln, auf vier Teller auslegen.

5. Die Flüssigkeit, die sich beim Spargel gebildet hat, abgießen. Das Dressing unter den Spargel heben und die Streifen auf den Kräutern anrichten. Den Spargel mit den Pinienkernen bestreuen und servieren. Dazu schmeckt Weißbrot.

Aromatisch-zarter Fisch und saftig-frische Gurke –
schon immer und immer noch ein kulinarisches
Traumpaar, das sich hier für den Sommer ganz
besonders fein gemacht hat!

SCHMORGURKENGEMÜSE MIT ZANDERKLÖSSCHEN

Für 4 Personen
Zubereitung: ca. 1 Std.
Pro Portion: ca. 445 kcal

Für die Zanderklößchen:
2 Scheiben Toastbrot
250 g gut gekühlte Sahne
500 g Zanderfilet ohne Haut
1 EL Zitronensaft
1 Frühlingszwiebel
1 kleines Bund Dill
1 Ei (Größe M)
1 Eiswürfel
Salz | schwarzer Pfeffer

Für das Gemüse:
800 g Schmorgurken (ersatzweise
Salatgurken)
500 g Tomaten
1 Zwiebel
2 Knoblauchzehen
einige Stängel Borretsch
(ersatzweise ½ Bund Dill)
1 EL Butter
Salz
schwarzer Pfeffer
1 EL Crème fraîche (nach Belieben)

1. Für die Klößchen das Brot entrinden und würfeln. In einer Schüssel mit 125 g Sahne mischen und kühl stellen. Das Zanderfilet kalt abspülen, trocken tupfen und in kleine Würfel schneiden. Mit dem Zitronensaft mischen und ebenfalls kühlen.

2. Für das Gemüse die Gurken schälen, entkernen und in knapp 1 cm dicke Scheiben schneiden. Die Tomaten häuten (s. S. 61) und klein würfeln, dabei die Stielansätze entfernen. Die Zwiebel und den Knoblauch schälen und fein hacken. Den Borretsch waschen, trocken schütteln und die Blättchen in Streifen schneiden.

3. Für die Klößchen die Frühlingszwiebel putzen, waschen und fein hacken. Den Dill waschen, trocken schütteln und die Spitzen fein schneiden. Brot, Fisch, restliche Sahne, Ei und Eiswürfel fein pürieren. Zwiebel und Dill einrühren, salzen und pfeffern.

4. In einem Topf reichlich Wasser zum Kochen bringen, salzen. Aus der Fischmasse mit zwei Teelöffeln Klößchen formen, ins heiße Wasser legen und in ca. 10 Min. gar ziehen lassen.

5. Inzwischen für das Gemüse die Butter zerlassen. Zwiebel und Knoblauch darin 2–3 Min. andünsten. Die Gurken zugeben und 1–2 Min. mitdünsten. Tomaten einrühren, salzen, pfeffern und das Gemüse zugedeckt bei schwacher Hitze ca. 10 Min. dünsten.

6. Den Borretsch in das Gemüse rühren und zusammenfallen lassen. Nach Belieben die Crème fraîche unterheben und das Gemüse mit Salz und Pfeffer abschmecken. Die Zanderklößchen aus dem Wasser heben und abtropfen lassen. Mit dem Gurkengemüse auf vier vorgewärmte Teller anrichten.

Schmorgurken vorbereiten Salatgurken kann man auch mit Schale
zubereiten, wenn man sie sehr gut
wäscht. Die Schale von Schmorgurken dagegen ist einfach zu dick!
Deshalb besser mit dem Sparschäler
dünn abschälen.

Schmorgurken entkernen Die geschälten
Gurken der Länge nach halbieren. Die
Kerne mit dem weichen und wässrigen
Fruchtfleisch, das sie umgibt, mit einem
Teelöffel aus den Hälften schaben.

Schmorgurken schneiden Die ent-
kernten Gurkenhälften dann auf ein
Schneidebrett legen und quer in knapp
1 cm dicke Scheiben schneiden. Dabei
möglichst gleich dicke Scheiben schneiden, damit sie gleichmäßig garen.

MANGOLDRÖLLCHEN MIT QUARKFÜLLUNG 🌿

Für 4 Personen
Zubereitung: ca. 1 Std.
Pro Portion: ca. 365 kcal

8 große oder 12 mittelgroße
Mangoldblätter (mit wenig
Stielanteil)
Salz
2 Scheiben Weiß- oder Bauernbrot
(ca. 80 g)
1 große rote Paprikaschote
2 Frühlingszwiebeln
2 Knoblauchzehen
4 EL Olivenöl
8 Stängel Basilikum
10 entsteinte schwarze Oliven
250 g Quark, Ricotta oder Frischkäse
2 Eier (Größe M)
3 EL frisch geriebener Bergkäse
schwarzer Pfeffer
1 TL rosenscharfes Paprikapulver
150 ml Gemüsebrühe (Instant)

Außerdem:
Küchengarn (nach Belieben)

1. Den Mangold waschen. Die Stiele abschneiden und in feine Streifen schneiden, beiseitelegen. In einem großen Topf Wasser aufkochen und salzen. Die Mangoldblätter darin portionsweise 30 Sek. kochen lassen, bis sie geschmeidig sind. Herausheben, kalt abschrecken und abtropfen lassen.

2. Für die Füllung das Brot in kleine Würfel schneiden. Die Paprikaschote waschen, halbieren und die Samen und Trennwände entfernen. Die Hälften dann in kleine Würfel schneiden. Von den Frühlingszwiebeln die Wurzelenden und welken grünen Teile entfernen. Die Zwiebeln waschen und mit dem Grün in feine Ringe schneiden. Den Knoblauch schälen und fein hacken.

3. In einer Pfanne 1 EL Olivenöl erhitzen und die Brotwürfel darin rundum knusprig braten, herausnehmen. Wieder 1 EL Öl in die Pfanne geben und die Paprikawürfel, die Zwiebelringe und den Knoblauch darin 1–2 Min. andünsten.

4. Das Basilikum waschen und trocken schütteln. Die Blättchen abzupfen und fein schneiden, einen kleinen Teil davon zur Dekoration beiseitelegen. Die Oliven klein schneiden. Basilikum und Oliven mit der Paprikamischung, dem Quark, den Eiern und dem Käse verrühren. Die Masse mit Salz, Pfeffer und Paprikapulver abschmecken und die Brotwürfel unterheben.

5. Die Mangoldblätter auf der Arbeitsfläche ausbreiten und je ca. 1 EL Quarkmasse in die Mitte setzen. Die Seitenränder nach innen klappen, die Blätter aufrollen und die Blattenden andrücken. Falls die Enden schlecht haften, die Röllchen nach Belieben mit Küchengarn zu Päckchen binden.

6. Das restliche Olivenöl in einem weiten Topf erhitzen und die Röllchen darin rundum anbraten. Die Mangoldstiele rundherum verteilen, die Brühe angießen und Mangoldröllchen zugedeckt bei schwacher Hitze ca. 30 Min. schmoren. Die Sauce zuletzt abschmecken und mit den Röllchen servieren. Mit dem restlichen Basilikum bestreuen. Dazu gibt's Bratkartoffeln oder Brot.

REGISTER

VEGETARISCHE REZEPTE AUF EINEN BLICK

LEICHTER DURCHS LEBEN

DEIN DIGITALER COACH FÜR MEHR BALANCE

G|U BALANCE

www.gu-balance.de

JETZT 10 TAGE KOSTENLOS TESTEN
www.gu-balance.de

✓ BESSER ESSEN

✓ MIT SPASS BEWEGEN

✓ ENDLICH ENTSPANNT

FÜR:

Die Autorin

Cornelia Schinharl ist begeisterte Marktbummlerin und lässt sich nur zu gerne vom frischen Gemüseangebot an den Ständen inspirieren. Nach dem erfolgreichen Vorgängerbuch *Herbst, Winter, Gemüse!* hat sie sich jetzt allem angenommen, was ab März, April wächst und gedeiht, und knackig frische Rezepte dafür kreiert. Schon seit vielen Jahren bringt sie ihre kulinarischen Ideen als freie Food-Journalistin und Kochbuchautorin zu Papier und hat dafür bereits zahlreiche Auszeichnungen bekommen.

Der Fotograf

Klaus-Maria Einwanger fotografiert in seiner food art factory im Süden von München und in London Foodthemen mal stylisch, mal emotional, aber immer voller Atmosphäre. Gemeinsam mit Monika Schuster und Anka Köhler (Foodstyling) sowie Alexandra Holzer (Styling) setzte er auch das junge Gemüse ins rechte Licht. Um die spätere Bildbearbeitung kümmerte sich Christian Kempf.

Bildnachweis

Alle Fotos: Klaus-Maria Einwanger; außer Autorenfoto: privat

Projektleitung: Alessandra Redies
Lektorat: Petra Teetz
Korrektorat: Ulrike Wagner
Layout und Umschlaggestaltung: independent Medien-Design, Horst Moser, München
Herstellung: Sigrid Frank
Satz: Kösel, Krugzell
Reproduktion: Longo, Bozen
Druck und Bindung:
Firmengruppe APPL, aprinta druck, Wemding
Syndication:
www.jalag-syndication.de

Umwelthinweis:
Dieses Buch ist auf PEFC-zertifiziertem Papier aus nachhaltiger Waldwirtschaft gedruckt.

Ein Unternehmen der
GANSKE VERLAGSGRUPPE

Liebe Leserin, lieber Leser,

haben wir Ihre Erwartungen erfüllt? Sind Sie mit diesem Buch zufrieden? Haben Sie weitere Fragen zu diesem Thema? Wir freuen uns auf Ihre Rückmeldung, auf Lob, Kritik und Anregungen, damit wir für Sie immer besser werden können.

GRÄFE UND UNZER Verlag
Leseservice
Postfach 86 03 13
81630 München
E-Mail:
leserservice@graefe-und-unzer.de

Telefon: 0800 / 723 73 33*
Telefax: 0800 / 501 20 54*
Mo–Do: 8.00–18.00 Uhr
Fr: 8.00–16.00 Uhr
(* gebührenfrei in Deutschland)

Ihr GRÄFE UND UNZER Verlag
Der erste Ratgeberverlag – seit 1722.

1. Auflage 2015
ISBN 978-3-8338-4315-0

Backofenhinweis:
Die Backzeiten können je nach Herd variieren. Die Temperaturangaben in unseren Rezepten beziehen sich auf das Backen im Elektroherd mit Ober- und Unterhitze und können bei Gasherden oder Backen mit Umluft abweichen. Details entnehmen Sie bitte Ihrer Gebrauchsanweisung.

 www.facebook.com/gu.verlag